SOCIAL MEDIA

FÜR DEN STATIONÄREN HANDEL

Wie der Handel strategisches Social Media Marketing nutzen kann, um Reichweite und Wahrnehmung gezielt zu steuern.

Verfasser: Mateo Sudar
Dritte komplett überarbeitete Auflage, Nagold 2021.

GLIEDERUNG

1 VORWORT, VERWENDUNG UND DISCLAIMER

Dieses Skript soll Ihnen als Unternehmer*In eine Grundlage und Überblick zum Thema Social Media Marketing im stationären Handel bieten. Viele Ihrer weiteren Entscheidungen im Bereich Online Marketing und vor allem Social Media Marketing können Sie auf Basis dieses Buchs entscheiden und sich zu einem großen Teil selbst helfen. Der Verfasser führt heute seine Video-, Online-Marketing und Web-Development Firma SU SQUAD (www.su-squad.de) und nutzt die Online Marketing Möglichkeiten für Kunden unterschiedlichster Branchen, indem er Kampagnen plant und steuert, Workshops, Seminare und Vorträge in dem Bereich anbietet. Dieses Skript ist lediglich eine Momentaufnahme und es ist auch so, dass sich dieser Geschäftsbereich sehr schnell weiterentwickelt und eine eigene Recherche somit unausweichlich ist.

Wichtig zu erwähnen ist, dass dieses Skript keine Erfolge gewährt und keine der folgenden Aussagen für jede individuelle Person gleich zutreffen. Der Erfolg im Online-Marketing hängt sehr davon ab, ob Sie kreativ und klug an die Thematik rangehen, aktuell bleiben und über dieses Skript hinaus das gewonnene Wissen in die Tat umsetzen und Ihren eigenen Online Marketing Erfolg langsam auf- und ausbauen.

2 ENTSTEHUNGSGESCHICHTE DER SOCIAL MEDIA WELT

Wenn wir an Social Media denken, dann sollten wir auch grundsätzlich an die Entstehung des Internets denken.

In Bezug auf das Internet gab es bereits Mitte der 40er Jahre die ersten Vordenker. So beschreibt der Science-Fiction Autor Murray Leinster 1946 in seiner Kurzgeschichte „A Logic Named Joe" eine Szene, in welcher der Computer „...die Verbreitung von vierundneunzig Prozent aller Fernsehprogramme erledigt, alle Informationen über Wetter, Luftverkehr, Sonderangebote vermittelt ... und jedes geschäftliche Gespräch, jeden Vertrag vermittelt ... Die Computer haben die Welt verändert. Die Computer sind die Zivilisation. Wenn wir die Computer abschalten, fallen wir in eine Art von Zivilisation zurück, von der wir vergessen haben, wie sie geht."

Diese Beschreibung trifft nach 70 Jahren mehr denn je auf die heutige Zeit zu. Stellt man sich nur vor, dass das Internet abgestellt wäre, so wäre das gesamte Kommunikationssystem und ganze Firmenabläufe wären stillgelegt. In der Zeit von 1946 bis zum Jahre 1989 waren sehr viele Techniker, Forscher und Politiker an der Entwicklung des vernetzten Arbeitens tätig, denn nichts Anderes ist das Internet. Es ist lediglich eine Austauschmittel von Informationen zwischen miteinander vernetzen Geräten, über welche die Informationen vermittelt werden. Der Startschuss zum Internet fiel im Herbst 1969, als die ersten vier Großrechner in der University of California (LOS Angeles), im Stanford Research

Institute, der University of California in Santa Barbara (UCSB) und der University of Utah miteinander verbunden wurden. Am 29. Oktober 1969 war „lo" die erste gelungene Internetbotschaft, die versuchsweise von der UCLA an das Stanford Research Institut übermittelt wurde. „log"[1] sollte die erste Botschaft sein, doch die 50Kilobit-Übertragungsrate hatte den letzten Buchstaben in dem Moment nicht verkraftet und der Rechner stürzte ab.

Abends wurde die Übertragung nochmals getestet und es hatte funktioniert.

Viel Forschung und viel Arbeit wurde in das Internet gesteckt, jedoch fand das uns heute bekannte WWW erst im Jahre 1989 seinen Ursprung, als Tim Berners Lee am Forschungsinstitut namens CERN seine Überlegungen zu einem verteilten Hypertext-Netz anstellte. Auch wenn Tim Berners Lee in vielen Fällen als der Erfinder des Internets gefeiert wird, ist das Internet jedoch niemals nur einer Person zuzurechnen. Es ist vielmehr eine Kombination aus allen Errungenschaften, Erkenntnissen, hohem Arbeitsaufwand, Mut und Wissen vieler Menschen, die in den letzten Jahrzehnten daran gearbeitet haben und heute immer noch arbeiten.

Das Internet hat sich in den Jahren nach der Entstehung rasant weiterentwickelt. Große Anbieter sind entstanden und private Leute konnten sich über ihren PC einen Zugang zum Internet verschaffen.

---

[1] Vgl. URL: https://www.welt.de/welt_print/article1308095/Der-29-Oktober-ist-Internet-Tag.html

3

Im Jahr 2000 (knapp 11 Jahre nach Entstehung des Internets!) gab es über 300 Millionen aktive User im Internet. Viele der User haben eigene Unternehmen im Internet gegründet, die Banken haben diesen Unternehmern hohe Kredite gewährt oder die Unternehmen haben sich über einen Börsengang von privaten Personen und Unternehmen Geld besorgt. Zu viel Vertrauen und Hoffnung wurden in diese ersten Internetunternehmen gesteckt, die Aktienbewertungen in den ersten Monaten sind rasant angestiegen, aber am Ende platzte die bekannte „Dotcom-Blase", viele Aktionäre verloren Ihre gesamten Investitionen und damit die Hoffnungen, die sie in diese Unternehmen gesteckt haben.

Jedoch sind in dem Zeitraum auch Unternehmen entstanden, die bis heute ihre Gültigkeit haben wie Amazon, eBay oder Google.

Die anfängliche Euphorie und der Verlust vieler Aktionäre hatten am Ende etwas Gutes, denn der Verlust bedeutete auch künftige Vorsicht. Da Investoren und Aktionäre vorsichtiger waren und genauer hingeschaut haben welches Geschäftsmodell hinter dem Internetunternehmen steckt, waren die Internetunternehmer gezwungen besser auf die Qualität ihrer Seite zu achten.

Das hat zu einigen Produkten und Dienstleistungen geführt, die großartig sind und heute das Leben vieler Unternehmer und Privatmenschen erleichtern sollen. Jeden Tag werden neue Regionen auf der Erde erschlossen. So werden durch das Internet und vor allem durch Social Media nach und nach alle Menschen weltweit miteinander vernetzt.

3 E-COMMERCE IN DEUTSCHLAND

Der E-Commerce Handel in Deutschland nimmt immer weiter zu.

Laut E-Commerce Foundation nutzen knapp 90% der deutschen Bevölkerung, die über 15 Jahre alt sind, das Internet und davon wiederum kaufen 73% im Internet ein.

Der E-Commerce-Umsatz entspricht in etwa 2% des BIP (Bruttoinlandsprodukt). Prozentual hört sich das nicht viel an, doch gemessen an absoluten Zahlen ist das ein großer Kuchen für alle Unternehmer, die über das Internet Geld verdienen möchten. In Zukunft wird dieser Bereich immer weiterwachsen und somit auch der potenzielle Anteil am Kuchen.

Das Smartphone nutzen mittlerweile 65% der über 15-Jährigen, doch der Handel über das Smartphone steckt noch in den Kinderschuhen hierzulande. Lediglich 15% der Verkäufe werden über das Smartphone getätigt, da viele Online Shops noch nicht mobile optimiert sind oder das mobile Telefon schlicht und einfach zu klein ist, um bewusste Kaufentscheidungen zu treffen. Als Einstieg in den Verkauf und als Inspirationsquelle ist das Smartphone aber ein sehr gutes Medium, um sich zu platzieren.

Verfolgt man die Kaufprozesse von Kunden, sogenannte „Customer Journeys", so erkennt man, dass sich viele Kunden zunächst über das Smartphone ein Produkt anschauen und anschließend über den Laptop oder PC den eigentlichen Kauf tätigen.

Die Zahlen sprechen also für sich. Die Umsätze steigen, das Potenzial wächst, wirtschaftliche und politische Hürden sollen weiter abgebaut werden, um besser miteinander zu handeln und die Software-Tools werden mit jedem Jahr einfacher und effektiver, mit Hilfe derer jede Person mit etwas Kreativität und Arbeitseinsatz einen eigenen Internetauftritt mit dazugehörigem Online Marketing erstellen kann. Wichtig ist dabei nur das Stichwort „Nische".

In einer immer schneller werdenden Online-Welt mit einem Überangebot an Produkten und Dienstleistungen sowie immer mehr Menschen auf diesem Planeten, wird es umso wichtiger für den Unternehmer eine ganz klare Nische auszuwählen, die zielgerichtet mit einem entsprechenden Online-Shop oder allgemeinem Internetauftritt angesprochen wird.

Die großen Generalisten wie OTTO, Amazon oder eBay haben sich in der Welt bereits einen Namen gemacht und sich positioniert. Es kommt also auf die Spezialisten und ihr zielgerichtetes Angebot an, welches mit einem einzigartigen Alleinstellungsmerkmal versehen ist. Nur dann wird der Erfolg, auch mit anfänglich geringerem Kapitaleinsatz, möglich sein. Doch brauchen wir unbedingt einen Online Shop, um das Internet erfolgreich für den **stationären Handel** zu nutzen?

3.1 Problemstellung

Auf dem Markt herrscht Chaos. Die Verwirrung ist groß. Es wird Geld an den falschen Stellen ausgegeben. Der Online Handel nimmt zu und das Wachstum im Offline-Handel stagniert.

Der erste Gedanke, der sich bei Vielen stellt, ist: „Muss ich jetzt auch einen Online Shop aufbauen, um vom Online Kuchen ein Stück abzubekommen?" Die Antwort ist ein klares **Nein**.

Die Statistiken gehen zwar von einem Umsatzwachstum im Online-Bereich aus, doch der Mensch entscheidet immer noch bewusst, wo er einkauft. Er kann sich in der Zukunft für Ihren Laden entscheiden und er wird sich für Ihren Laden entscheiden, wenn die Schritte so umgesetzt werden wie sie hier aufgeführt sind.

3.2 Wieso kaufen Menschen überhaupt online ein?

Die üblichen Argumente für den Online-Handel sind:

- Bequemlichkeit
- riesige Auswahl an Shops und Marken
- günstigere Preise
- schnelle Verfügbarkeit
- 24/7 ist der Laden offen

Lassen Sie uns das Ganze etwas relativieren.

Es ist bequem, doch es ist auch nicht **bequem**. Wir können zwar von der Couch aus online bestellen, doch denken wir an Schuhe beispielsweise, so sieht die Bestellung meistens so aus, dass wir mehrere Paar bestellen und eins davon behalten. In den meisten Fällen ist es dann so, dass wir die restlichen Schuhe wieder einpacken, einen Retourenzettel ausfüllen, bei der Post vorbeilaufen müssen, in der Schlange stehen (je nachdem wann wir dort reinkommen) und dann die Schuhe retourniert sind. Das ist also lediglich im ersten Schritt ein Bequemlichkeitsvorteil, denn raus müssen wir dann trotzdem.

Das ist für den einzelnen Kunden ein Aufwand und es ist auch für den Händler ein Aufwand die gesamten Retouren wieder zu bearbeiten, zu checken, zu verpacken und neu einzulagern. Ökologisch ist es ebenfalls ein großer Nachteil, denn mittlerweile lohnt es sich nicht einmal die Produkte neu einzulagern. Die Produkte werden zum Teil gleich verbrannt.

Der **zweite** Punkt, die riesige Auswahl, ist objektiv gesehen richtig, doch subjektiv betrachtet ist es im einzelnen Fall so, dass meist geplant und gezielt vorgegangen wird im Internet. Man hat einen Bedarf, klickt auf die großen Seiten, die man kennt und kauft dort ein. So einfach ist es.

In Deutschland gibt es über 500.000 Online Shops und damit einhergehend eine Riesenauswahl, doch werden all diese Shops angeschaut? In der Regel landet man trotz allem auf den Top-Seiten wie Amazon, Otto, Zalando und Co.

Das bedeutet: Das Kaufverhalten begrenzt sich im Internet auf die wesentlichen Seiten, die man kennt und auch wenn es die Auswahl an Seiten gibt, stellt sich die Frage wer diese Auswahl tatsächlich nutzt?

Günstigere Preise sind ebenso bedingt richtig. In manchen Produktgruppen stimmt es tatsächlich, dass die Preise weitaus günstiger sind und man spezielle Produkte auch nur im Internet bekommt, diese dann zum Beispiel in großen Mengen bestellen und damit viel sparen kann.

Viele Produkte sind aber nicht wirklich günstiger. Wenn man die Transaktionskosten mit berechnet wie den Zeitaufwand für die Retoure, den Ressourcenverbrauch bis zur Post und die eventuell anfallenden Versandkosten, so wird das Produkt entsprechend teurer und der Aufwand dahinter auch größer.

Die **Schnelligkeit** des Online Kaufs ist ebenfalls nur produktbedingt richtig. Wenn der Kunde beispielsweise ein Gesamtoutfit sucht und nicht genau weiß was er/sie kaufen möchte, dann kann die Suche dabei unter Umständen lang dauern. Vor allem, wenn man stilistisch nicht die Erfahrung hat. So dauert es in gewissen Fällen länger, bis man sich online für ein gesamtes Outfit entschieden hat, als wenn man im Laden dahingehend beraten wird.

Das Stichwort „Curated Shopping" *(=Begleitetes Einkaufen)* gewinnt dabei immer mehr an Bedeutung im Internet. Wer Zalon oder Outifttery kennt, der weiß wovon hier gesprochen wird.

Ein professioneller Verkäufer, der stationär im Laden direkt sieht welche Statur der Kunde hat, welchen Stil er sonst gerne trägt und wie viel Wert er auf sein Outfit legt, kann ihm schnell ein passendes Outfit anbieten.

Ein sehr gutes Beispiel wie man die Prinzipien des Curated Shoppings auf den Offline-Handel übertragen kann ist Pier14.[2]

Pier14 in Hamburg hat beispielsweise solch eine Dienstleistung aufgegriffen. Sie stellen bestimmte Kunden-Boxen zusammen und senden diese an die Stammkunden in regelmäßigen Abständen zu. Der Kunde wird im Laden in die Kundenkartei aufgenommen, es wird mit dem Kunden gemeinsam geschaut welcher Stil und welche Größen zu ihm passen und dann wird diesem Kunden immer wieder eine Box zugesendet mit den passenden Produkten. Wenn der Kunde diese Box behält, dann wird dafür gezahlt.

Solche und viele weitere Vorgänge können in den Offline-Handel intelligent integriert werden.

Dass der Online Handel 24/7 verfügbar ist, ist zwar ein valides Argument, aber wer kauft 24/7 ein? Wie viele Personen kaufen tatsächlich nachts um 3 Uhr ein?

Ein eigener Online Shop ist also nicht das Allheilmittel für mehr Umsatz und Erfolg.

Vielmehr ist es die geordnete Digitalisierung des Bestehenden.

Warum geordnet? Weil die Digitalisierung nur mit Verstand und Strategie erfolgreich umgesetzt werden kann.

Fragen Sie sich:

Was können Sie offline gut? Was sind Ihre Alleinstellungsmerkmale im „echten" Leben? Wie begeistern Sie die Menschen, wenn sie

---

[2] S. https://pier14.de/.

bei Ihnen in den Laden kommen? Nehmen Sie all die Dinge auf, die Sie bereits gut machen und übertragen Sie diese Dinge auf die Online Welt.

Dieses Buch vertritt die These, dass der Offline-Handel eine enorme Chance hat, wenn die Digitalisierung strategisch und geordnet genutzt wird.

Ich bin mir sicher, dass man mit einer ausgeprägten Online Präsenz im Social Media Bereich und den in diesem Buch erwähnten Strategien mehr Menschen zum Kauf im Laden bewegen kann. Es kommt am Ende des Tages immer auf die Verbindung und Beziehung zum Menschen an und dafür ist Social Media perfekt geeignet.
Mit Social Media Maßnahmen kann ein Dialog stattfinden. Dieser Dialog führt zu einer sozialen Beziehung, ob man will oder nicht. Versuchen Sie also den Dialog in Ihrem Sinne aufzubauen und zu beeinflussen. Dafür ist Social Media da. Social Media bedeutet „Kommunikation mit Menschen"!

Wenn die Kommunikation über die sozialen Medien strategisch geplant und umgesetzt wird, dann kann die Offline-Frequenz dadurch erhöht werden. Das sehe ich in der Praxis mit meinen Kunden, aber auch anhand von weltweiten Beispielen, die sich die sozialen Medien zunutze machen, um mehr Personen in den stationären Handel zu bekommen.

3.3 THE NEW NORMAL: 2021

Das Jahr 2020 war ein Schock für die meisten stationären Händler. März und April 2020 haben zu Umsatzeinbußen geführt, die größtenteils nicht mehr aufzuholen waren. Die Maskenpflicht in den Einkaufszentren, die Maskenpflicht in der Innenstadt, die Hygienevorschriften und viele weitere Maßnahmen haben dazu geführt, dass trotz offener Läden die Menschen keine oder weniger Lust hatten in der Innenstadt einzukaufen.

Viele sind in dieser Zeit zu Internetkäufern geworden und haben ihre Verweildauer in den digitalen Medien erhöht.

Das war eines der besten Jahre für Amazon, Zalando und auch für die Social Media Plattform Facebook. Im Quartal 3 / 2020 hat Facebook den größten Umsatz in der bisherigen Unternehmensgeschichte erwirtschaftet sowie den größten Quartalsgewinn (ca. 7 Mrd. Dollar Gewinn in einem Quartal!).

Die verwendeten Messenger- Nachrichten sind um 50% hochgegangen, die Nutzung von Instagram ist in die Höhe geschossen und alle anderen Social Media Plattformen haben von dem Lockdown profitiert.

Dieses Jahr 2020 war auch kein „normales" Pandemie-Jahr wie es bei BSE, Vogelgrippe, Schweinegrippe oder anderen bisher bekannten Pandemien war.

Diese Pandemie hat zu einer weltweiten Veränderung der Gewohnheiten geführt. Man sagt, dass eine neue Gewohnheit im Durschnitt nach 66 Tagen entwickelt wird. Manche Gewohnheiten sind schneller ins Leben integriert und manche dauern länger. Diese Pandemie und die damit einhergehenden Verhaltensänderungen (Home Office, Maske tragen, Abstand halten, kein Händekontakt, verstärkte Hygienemaßnahmen etc.) werden bereits seit fast einem Jahr umgesetzt.

Die Gewohnheit ist also gebildet und das führt zu dem sogenannten „New Normal".

Dieses „New Normal" möchte ich in diesem Buch wertneutral beobachten. Ob das nun politisch, psychologisch und menschlich klug ist was derzeit passiert, sei mal dahingestellt und sollte an anderen Stellen diskutiert werden.

Wir sehen aber, dass es eine Veränderung mit sich bringt und wir als Unternehmer sollten uns auf diese Veränderungen klug, geordnet und strategisch vorbereiten, denn eine Gewohnheit, ist sie erstmal gebildet, wird in diesem Ausmaß nicht so schnell wieder verschwinden.

Das bedeutet: Die Internetaktivitäten werden hochgehen, die allgemeine Digitalisierung wird zunehmen, Home-Office wird ausgebaut werden, Videotelefonie wird zunehmen, die Social Media Plattformen werden mehr als bisher genutzt, neue

Geschäftsmodelle werden entstehen und das wird Auswirkungen auf die traditionellen Geschäftsmodelle haben.

Traditionelle Geschäftsmodelle wie der stationäre Handel haben jetzt die große Chance umzudenken. Es ist die Zeit sich Gedanken darüber zu machen wie die Digitalisierung genutzt werden kann, um die gesetzten Ziele zu erreichen.

Der beste Weg diese Digitalisierung möglichst kostengünstig und effektiv zu nutzen ist die Nutzung sozialer Medien für den Beziehungsaufbau. Soziale Medien führen zu Aufmerksamkeit, zu Reichweite und die Menschen haben die Chance Sie als Unternehmen und Team kennenzulernen. Die Menschen wollen Sie aber menschlich kennenlernen und das erfordert eine andere Herangehensweise als Sie es bisher gewohnt sind (wenn Sie traditionelle Werbemittel wie Flyer und Plakate nutzen).

Wir sortieren die sozialen Medien in dem nächsten kurzen Kapitel grob ein, so dass Sie verstehen auf welchem sensiblen Werbe-Terrain Sie sich bewegen und wieso es unabdingbar ist die Empathie und die menschlichen „Soft Skills" als Unternehmer zu entwickeln.

3.4 Soft Skills im Push Marketing

Es ist wichtig die Soft Skills zu entwickeln, wenn Sie im Social Media Marketing vorankommen möchten. Wieso?

Gutes Social Media Marketing hat viel mit Eigenverantwortung, Menschenkenntnis und Psychologie zu tun.

Stellen Sie sich vor: Sie sind auf einem typischen orientalischen Basar unterwegs. Waren Sie schon mal dort? Wenn ja, dann können Sie es besser nachvollziehen.

Auf einem Basar laufen Sie über den Markt und von allen Seiten werden Sie fast schon förmlich dazu gedrängt etwas zu kaufen. Die Verkäufer kommen auf Sie zu aus allen Ecken, manche ziehen an Ihnen, um die Aufmerksamkeit zu erhalten und die Meisten sprechen Sie an mit einer direkten Verkaufsbotschaft, die da heißt: „Good Price", „Good Quality" und so weiter.

Sie fühlen sich meistens etwas unwohl und bedrängt und an den meisten dieser Verkaufsstände laufen Sie einfach vorbei.

Bei manchen Verkaufsständen jedoch bleiben Sie stehen. Welche sind es? Das sind meistens diejenigen, die ordentlich aussehen, einen guten Eindruck machen, eine gute Atmosphäre ausstrahlen und bei denen der Verkäufer vielleicht höchstens Ihnen nett zulächelt, um eine Verbindung aufzubauen, danach Sie aber in Ruhe lässt und damit signalisiert „Nehmen Sie sich ruhig Zeit, schauen Sie sich um und ich bin da, wenn Sie konkrete Fragen haben."

Sie bleiben also bei dem Verkäufer stehen, bei welchem Sie sich wohlfühlen und emotional kein Druck ausgeübt wird.

Sie schauen sich um, nehmen ein paar Dinge in die Hand und sind bereits **Interessenten**.

Wichtig ist dann aber auch nach dem Aufbau der menschlichen Verbindung und des Kaufinteresses einen Verkauf zu initiieren und den Bedarf des Käufers zu ermitteln, um die Verkaufswahrscheinlichkeit zu erhöhen.

Der gute Verkäufer bleibt also dran ohne Druck auszuüben. Dranbleiben und in den verschiedenen Phasen des Kaufinteresses die richtigen Botschaften zu setzen ist die Kunst.

Genauso wie auf diesem Basar läuft es auch in den sozialen Medien ab. Es ist wichtig zur richtigen Zeit die richtige Botschaft zu setzen, keinen Druck auszuüben, wenn jemand Ihre Werbung zum ersten Mal sieht und eine Verbindung aufzubauen.

Sortieren wir das Social Media Marketing grob ein:

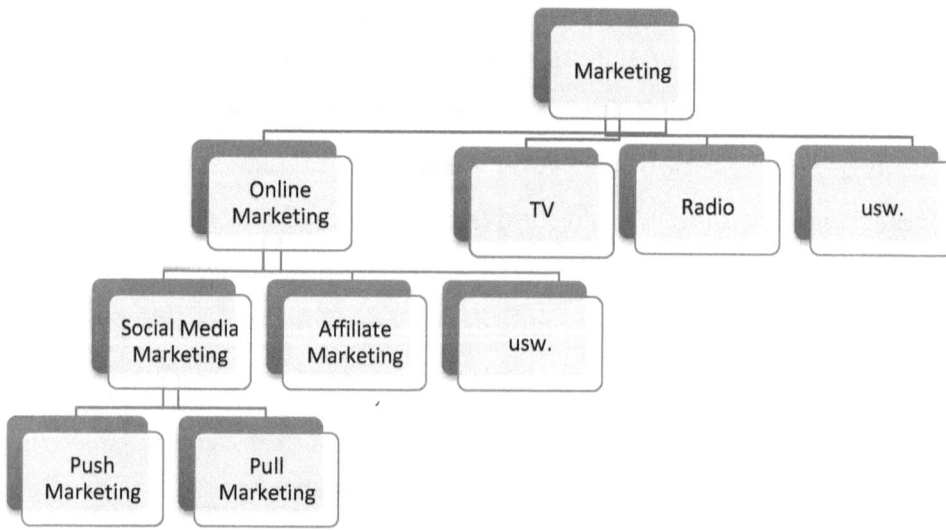

Auf der obersten Ebene befindet sich das allgemeine Marketing. Wenn wir es weiter runterbrechen, dann gibt es neben vielen anderen Marketing-Methoden das sogenannte Online Marketing. Weiter runtergebrochen gibt es im Online Marketing (neben vielen anderen Möglichkeiten) das Social Media Marketing und dieses kann man wiederum grob einteilen in die Disziplinen Push und Pull Marketing.

Beim Push Marketing (wie der Name schon sagt) geht es darum sich irgendwo „reinzudrücken".

Der Social Media User bewegt sich in den sozialen Medien wie über einen Basar und will neue Dinge entdecken. Doch diese Dinge sollen ihn nicht unter Druck setzen. Er möchte es mit Leichtigkeit konsumieren und erstmal in Ruhe gelassen werden.

Der User sucht uns meistens nicht. Er „schlendert" in den sozialen Medien.

Der User scrollt bei Facebook oder bei Instagram und sieht dann plötzlich Werbung. Diese Werbung hat sich vor seine Augen gedrückt und er hat dieses Unternehmen, diese Werbung nicht gewollt.

Vor dieser Ausgangslage können wir nun an den Basar zurückdenken. Wenn nun die Botschaft kommt „Good Price", „Good Quality", „Hammerpreis" und der User ist noch nicht mit dem Unternehmen verbunden, kennt den Verkäufer nicht und sieht noch nicht den emotionalen Vorteil für sich, dann entsteht hier Desinteresse, Druck und der User will nichts kaufen.

Das bedeutet also: Beim Push Marketing müssen wir ganz sensibel auf die Bedürfnisse des Kunden eingehen. Er möchte in einer Wohlfühlatmosphäre schlendern, entdecken und sich emotional berühren lassen.

Wenn wir also Werbung in einem Push Marketing Umfeld machen und das zum ersten Mal, dann sollten diese Faktoren berücksichtigt werden. Die Werbung sollte emotional berühren und im besten Fall so aussehen als sei sie gar keine Werbung.

Die rechte Gehirnhälfte sollte erst angesprochen werden. Diese Gehirnhälfte ist für die Intuition, die Kreativität und das ganzheitliche Erfassen zuständig. Wenn wir also mit Produkten werben, dann sollte die Botschaft nicht lauten „Good Price", "Good Quality" oder andere technische/monetäre Features sondern das Produkt sollte die Emotion im Fokus haben. Hier gibt es verschiedene emotionale Trigger, die berührt werden können, auf welche wir im späteren Verlauf eingehen werden.

Die linke Gehirnhälfte kann dann aktiviert werden, wenn der Kunde sich bereits unbewusst über die Emotion für uns entschieden hat. Die linke Gehirnhälfte ist für analytische Denkprozesse und Zahlen zuständig. Wenn uns der Kunde bereits emotional kennengelernt hat, dann können wir diesem Kunden aufzeigen welche Features unser Produkt hat, welche technischen Vorteile, Rabatte, welche Bewertungen und vieles mehr.

Merke: Erst wird die rechte Gehirnhälfte angesprochen und dann die linke Gehirnhälfte bedient, die dann wiederum rechtfertigt, was die rechte Gehirnhälfte bereits entschieden hat. So muss **Push Marketing** im besten Fall aufgebaut sein, damit es zu einem Erfolg führt.

Zur Vollständigkeit: Beim Pull Marketing geht es darum, dass Kunden magnetisch angezogen werden. Wenn Sie einen Blog-Bericht auf Ihrer Seite schreiben der da lautet „Wie schaffe ich es in 10 Tagen 5 Kilo abzunehmen" und ein User sucht genau nach diesem Satz und stößt auf Ihre Webseite, dann ist es Pull Marketing.

Der User wurde also über das Thema zu Ihnen reingezogen. Sie mussten sich nicht reindrücken und nach Aufmerksamkeit rufen, sondern Sie haben bereits etwas geboten (in diesem Fall einen hilfreichen Blog Bericht) und das Angebot ist so anziehend, dass der User Ihre Webseite oder ihr soziales Medium von selbst findet.

Einige der Dinge werden wir im späteren Verlauf nochmal aufgreifen, wenn es um das Thema Funnelsystem geht. Als Basis war es erstmal wichtig zu erfahren in welchem Umfeld wir uns bewegen.

Das Umfeld des Push Marketing ist ein sehr sensibles Feld, welches besonders bespielt werden muss, weil der User hier keine Werbung „erwartet", sondern „entdeckt".

Seien Sie also nicht der Verkäufer, der auf dem Basar die Leute bedrängt, sondern schaffen Sie erstmal einen emotionalen Mehrwert, bevor Sie anfangen zu verkaufen.

Diesen Fakt sollte ein jedes Unternehmen beherzigen, welches auf den sozialen Medien Werbung schaltet.

3.5 Ihre psychologische Basis, bevor Sie anfangen: Offenheit, Neugier und das Feindbild

Um zu beginnen brauchen wir vor allem zwei Komponenten, um die Online Welt zu verstehen und zu akzeptieren.

Eine unvoreingenommene Offenheit für das Neue und eine Neugier, die wir neu entwickeln dürfen. Das Stichwort „Lifelong Learning" ist aktueller denn je. Wir wissen, dass wir nichts wissen und das dürfen wir jeden Tag aufs Neue erfahren.
Das kann frustrierend wirken, aber je genauer wir darauf schauen, merken wir auch, dass alle anderen um uns herum, vor allem auch die Mitbewerber, genau in derselben Situation sind.

Die Situation ist Folgende: Wenn Ihre Mitbewerber überfragt sind, wie sie die sozialen Medien für sich richtig nutzen sollen, dann ist das offensichtlich eine Chance für Sie einen Vorsprung zu schaffen. Mit diesem Buch in Ihrer Hand (oder auf Ihrem Bildschirm) arbeiten Sie aktuell genau an diesem Vorsprung. Ich möchte Sie dabei unterstützen.

Wir kennen ja die Sprüche: Wer nicht mit der Zeit geht, der geht mit der Zeit. Oder: Handel ist Wandel. Oder: Nichts ist beständiger als der Wandel.

Dies trifft in der heutigen Zeit mehr als je zuvor zu, denn wir leben in einer schnelllebigen Welt, die technologisch exponentiell zunimmt und der Überblick dabei immer mehr verloren geht. Durch die Corona-Situation im Jahr 2020 wurde das Thema Digitalisierung wie in einem Zeitraffer noch stärker vorangetrieben.

Der Fokus ist gefragt. Der Fokus auf das Wesentliche und wir werden in diesem Buch die aktuell wesentlichen Dinge und Vorgänge beleuchten, die notwendig sind, um im Internet gesehen zu werden und eine Beziehung aufzubauen. Wir werden die Dinge lernen, die für Sie heute den effektivsten Nutzen haben.
In meinen Gesprächen mit Kunden, Studenten und anderen Unternehmern, die Online noch nicht so weit sind, höre ich immer wieder Aussagen wie „Online nimmt mir die Umsätze weg!" oder sinngemäß „Online ist der Feind" oder die Frage „Wie kann ich gegen die Online Welt ankommen?".

Online ist nicht der Gegner! Es kommt nicht darauf an gegen die Online Welt zu sein, denn mit dieser Einstellung steht man auf verlorenem Posten. Online wird bestehen bleiben. Online ist wie das „neue" Mitglied in der Familie an welches man sich einfach gewöhnen und die Beziehung mit diesem aufbauen muss. Das kann dauern und es gibt Meinungsverschiedenheiten, aber die Investition lohnt sich am Ende, da eine langfristig aufgebaute Beziehung zu mehr Erfolg und Stabilität führt. Sowohl in einer persönlichen Beziehung als auch in einer Geschäftsbeziehung.

Um diese Beziehung jedoch effektiv aufzubauen ist **Unvoreingenommenheit, Offenheit** und **Neugierde** notwendig.

4 DER ONLINE-KUCHEN

Was ist der Online-Kuchen?

Denken wir einmal an die Menschen in unserem Land. Der gesamte Kuchen besteht aus vielen einzelnen Zutaten und Molekülen. Der gesamte Kuchen besteht aus den 82 Millionen Menschen in Deutschland oder zum Beispiel die 20.000 Personen in Ihrer Stadt. Der Online Kuchen ist der Teil der Menschen, die online sind. Das sind in Deutschland fast 100%, wenn man alle geschäftsfähigen Personen miteinschließt.

Nehmen Sie sich bildlich das Stück vom Kuchen, welches Ihre Zielgruppe repräsentiert und stellen Sie sich vor wie gut es schmecken würde, wenn Sie nicht nur einen Krümel davon abhaben, sondern das gesamte Stück genüsslich verspeisen könnten. Sie haben die reelle Chance Ihre Zielgruppe in ihrer Gesamtheit zu erreichen.

Das können Sie auch mit Print und Radiowerbung? Ja, aber anders. Das Stückchen Radio- oder Zeitungskuchen kostet ziemlich viel im Vergleich zum Online-Kuchen.
Möchte man dieselbe Menschenmenge im Print-Bereich mit Leinwandwerbung, in der digitalen Form über große LED-Screens in der Innenstadt oder über Radiowerbung erreichen, so zahlt man deutlich mehr in den meisten Fällen und der Effekt des zielgenauen Prospecting sowie Retargeting bleibt aus. Was genau Retargeting

ist, werden wir im weiteren Verlauf im Zusammenhang mit dem Online Marketing beleuchten.

Sie können Ihre Zielgruppe meist günstiger erreichen als mit klassischen Werbemitteln und von Anfang an Menschen filtern, die sich für Sie und Ihre Dienstleistung/Ihren **stationären Handel** interessieren könnten.

Sie minimieren damit den Streuverlust, welchen Sie bei TV, Print und Radio in jedem Fall haben, da Sie zielgenau definieren können WEM Sie Ihre Werbung zeigen möchten. Sie können im sogenannten Facebook Business Manager (die Schaltzentrale aller Facebook- und Instagram-Werbung) im Detail einstellen welche Menschen, in welchem Alter, mit welchem Geschlecht, mit welchen Interessen und in welchem Umkreis Sie erreichen möchten und NUR diesen Menschen wird die Werbung gezeigt.

Also kein Gießkannenprinzip, sondern ein zielgruppengenaues Prinzip mit wenig Streuverlust.

Wenn das kein anderer Mitbewerber so umsetzt an Ihrem lokalen Standort, dann werden Sie von Ihrem Online-Kuchen ziemlich viel abhaben. Lassen Sie sich den Kuchen schmecken!

4.1 Schau mir in die Augen, Baby!

Wissen Sie wie lange Sie Ihren Mitmenschen am Tag in die Augen schauen?

Wann haben Sie das letzte Mal Ihrem Partner oder Ihren Familienmitgliedern intensiv in die Augen geschaut? Ganz nebenbei gesagt ist es eine sehr intensive und sinnvolle Übung, wenn Sie den Menschen immer wieder beim Sprechen in die Augen schauen und aktiv zuhören.

Das wird Ihnen und Ihren Mitmenschen ein intensiveres Erlebnis der Kommunikation geben und Sie werden sehen, es wird vieles in Ihrem Leben verändern.

Das ist ein Thema für ein anderes Buch, aber vergleichen Sie mal die Zeitspanne, in welcher Sie Ihren Mitmenschen in die Augen schauen mit der Zeitspanne, mit der Sie auf Ihr Handy schauen.

Statistisch betrachtet schauen wir jeden Tag etwa 2-3 Stunden mehr oder weniger intensiv auf das Smartphone. **Jeden Tag!**

Das bedeutet im Grunde bekommt das Smartphone die meiste Aufmerksamkeit in unserer heutigen Zeit. Mehr als andere Medien und definitiv mehr als unsere Mitmenschen um uns herum. Das ist auf der einen Seite traurig, auf der anderen Seite ist es eine Chance für das eigene Marketing.

Wenn wir wissen wo die Menschen hinschauen, dann wissen wir auch, wo wir uns positionieren können, um gesehen zu werden. Um nichts anderes geht es im ersten Moment: **Strategisch sinnvoll und positiv wahrgenommen werden.**

4.2 Distanzzonen nach Edward T.Hall und der Einfluss auf Social Media

Wenn wir also so lange auf unsere Handys schauen, dann stellt sich doch die Frage welche psychologischen Auswirkungen das hat und welche Einflüsse das auf unser Social Media Marketing nach sich zieht.

Allgemein gesprochen hat es sehr viele Auswirkungen auf das Gehirn, angefangen von der Dopamin-Ausschüttung bei Push-Benachrichtigungen, bei Likes, neuen Followern etc. bis hin zur „Handysucht".

Mit diesem Thema allein könnten die nächsten 50 Seiten gefüllt werden, aber picken wir nur mal eine spezielle Auswirkung aus, die sich im Marketing immer wieder bemerkbar macht und über welche wir nur sehr wenig nachdenken.
Es ist die Auswirkung der parasozialen Beziehung, welche sich wiederum auf die Distanzzonen nach Edward T. Hall zurückführen lässt.

Das Konzept der parasozialen Beziehung ist hier das interessanteste Merkmal, wenn es um Social Media Marketing geht und genau wegen dieser Beziehung funktioniert das Influencer Marketing so hervorragend.
Wieso bauen wir überhaupt eine Beziehung zu Influencern bzw. zu Unternehmen in den sozialen Medien auf?

Die Begründung findet sich in den Distanzzonen, die lange vor der Entstehung von Facebook und Co. von Edward T. Hall erarbeitet worden sind.

Edward Twitchel Hall war ein US-amerikanischer Anthropologe und Ethnologe und gilt als Begründer der interkulturellen Kommunikation und der Proxemik[3].

Er hat viel darüber geforscht inwiefern die körperliche Distanz zu unseren Mitmenschen eine physische und psychische Reaktion unsererseits hervorruft. Er teilt die persönliche Distanz in 4 Hauptzonen auf. Diese Zonen bezeichnet er als „Reaktionsblase". Wenn Sie also eine bestimmte Zone betreten, aktivieren Sie automatisch bestimmte körperliche Reaktionen bei Ihrem Gegenüber.

Die 4 Hauptzonen sind unterteilt in

- Die Öffentliche Distanzzone (>3,6 Meter Entfernung)
- Die Soziale Distanzzone (1,2 – 3 Meter Entfernung)
- Die Persönliche Distanzzone (60 cm – 1,2 Meter Entfernung)
- Die Intime Distanzzone (0 cm – 60 cm Entfernung)

Kulturell unterscheiden sich diese Entfernungen jedoch, so dass es in südlichen Ländern bei der sozialen Distanzzone kürzere Abstände gibt als in den nördlicheren Ländern.

---

[3] Vgl. URL: http://www.nonverbale-kommunikation.ch/distanzzonen-raeumliche-koerpersprache/
Mehr zum Thema Proxemik: http://www.nonverbale-kommunikation.ch/proxemik/

Auf die einzelnen Zonen brauchen und werden wir nicht eingehen. Wir betrachten die für unser Social Media Marketing relevanteste Zone und diese ist:

Die Intime Distanzzone.

Die Intime Distanzzone ist eigentlich unseren Partnern, sehr guten Freunden und Familienmitgliedern vorbehalten. In dieser Zone bauen wir intime Beziehungen auf und wenn wir uns mit jemanden wohlfühlen in dieser Distanzzone, dann werden wir sehr schnell diesen Menschen in unser Herz lassen. Viel schneller als es in der öffentlichen Zone der Fall sein würde.

Denken Sie jetzt an das vorige Kapitel.

Wir schauen 2-3 Stunden auf unser Handy am Tag. In welcher Entfernung ist das Handy meistens vor uns positioniert?

→ Genau in der Intimen Distanzzone! Zwischen 0 und 60 cm Entfernung.

Wenn wir uns darauf Inhalte von Personen anschauen, dann baut unser Gehirn zwangsläufig eine Beziehung zu diesen Personen auf. Diese Beziehung kann gut oder schlecht werden, es kommt darauf an, wie wir diesen Inhalt transportieren und wie es beim Empfänger ankommt.

Denken Sie nun an die Influencer. Was machen diese?

Genau! Diese positionieren sich JEDEN TAG vor deren Follower, sprechen Sie direkt und frontal an, bauen (virtuellen) Blickkontakt auf und damit die Basis für die weitere Beziehung.

Dieser Blickkontakt entsteht zwar virtuell über den Handybildschirm, aber unser uraltes, evolutionär geprägtes Gehirn kann das **nicht unterscheiden!**
Dieser Blickkontakt passiert in unserer Intimen Distanzzone und das bedeutet wir bauen eine Beziehung noch schneller auf und wenn uns der Influencer oder die Person auf dem Bildschirm sympathisch ist, dann entsteht eine tiefe, positive Verbindung mit unserem Herzen.

Was bedeutet das als Learning für uns?
Wenn wir Social Media Marketing betreiben, sollten wir uns im besten Fall regulär vor die Kamera stellen und über Fotos oder Videos mit den Menschen einen virtuellen Blickkontakt aufbauen.
Wir sollten sympathisch und authentisch sein.
Wie schaffen wir es authentisch zu sein?
Indem wir ehrlich bleiben, ehrlich kommunizieren, sagen was wir können und was wir nicht können und uns in dieser Intimen Distanzzone allzu menschlich zeigen mit unserem stationären Handel. Wenn Sie das schaffen, dann werden Sie nicht nur mehr Interessenten und Kunden bekommen, sondern loyale Fans Ihres Unternehmens entwickeln.

Zahlreiche Tests und verschiedene Kampagnen haben außerdem gezeigt, dass die Beiträge weitaus weniger Interaktionen bekommen, wenn kein Augenkontakt zu einem Menschen besteht.

Deswegen setzen Sie Videos und „Stories" auf Ihre Prioritäten-Liste. Wenn Sie bei der Erstellung von Videos Hilfe benötigen, dann geben Sie mir gerne Bescheid.

Wenn Sie keine Videos einsetzen wollen, dann wenigstens Fotos mit Blickkontakt und guten Texten unter dem Foto, die eine persönliche Beziehung aufbauen könnten. Der Schreibstil sollte dann auch so gewählt sein, wie es in der Intimen Distanzzone üblich ist. Denken Sie immer daran: Sie befinden sich beim Kunden in der Hosentasche. Viel intimer geht es wohl kaum, oder?

5 DREI WEGE, UM MITSPIELEN ZU KÖNNEN UND WAHRGENOMMEN ZU WERDEN

Wer mit seinem **stationären Handel** online mitspielen möchte, der hat drei verschiedene Möglichkeiten das zu tun.

1. Ein eigener Online-Shop
2. Eine Marktplatzanbindung
3. Eine ausgereifte und zeitgemäße Online Marketing Strategie

Gehen wir auf die einzelnen Punkte in einem kurzen Exkurs ein. **Welche Online Shop Möglichkeiten gibt es und wieso sollte überhaupt ein Internetauftritt in Erwägung gezogen werden?**
Blogs und Online Shops sind heutzutage eine gute Möglichkeit für Händler, um online mitzuspielen. Egal ob Handwerker, Elektriker, Anwalt, Steuerberater, Einzelhändler oder irgendeine andere Branche: Auf irgendeine Art und Weise sollte jeder heutzutage über das Internet erreichbar und auffindbar sein, wenn man seine Produkte oder Dienstleistungen präsentieren möchte.
Jeder Unternehmer kann das Potenzial des Internets nutzen, doch wo fängt man an? Welche Programme gibt es? Wie effektiv sind diese und wie sollte man diese nutzen?
Es werden zunächst die Programme gezeigt, mit denen Webseiten und Online-Shops erstellt werden und anschließend wird erläutert

wie diese Seiten online vermarktet werden können. Die folgenden Möglichkeiten können über eine Agentur eingekauft oder selbst erstellt werden.

5.1 Die professionelle Lösung

Eine professionelle Online-Shop Lösung kann beispielsweise mit der Online-Shop-Software Magento umgesetzt werden. Magento ist die meistverwendete reine Online-Shop-Software.[4]

Falls Sie einen **stationären Textileinzelhandel** führen und einen Online Shop starten möchten, dann gibt es auch eine auf Fashion Shops ausgerichtete Sonderversion von Magento. Hier[5] können Sie sich ein paar Eindrücke verschaffen, welche Möglichkeiten Magento für Ihren Fashion Online Shop bietet.

Diese Sonderversion ist im Enterprise-Paket erhältlich, welches zwischen 15.000€ und 50.000€ im Jahr kostet, je nachdem welche Anforderungen man an Magento hat, welchen Support man sich wünscht, welche Gewährleistung definiert wird, wie viele aktive Besucher auf der Seite erwartet werden und vieles mehr.

Neben der bezahlten Enterprise Version gibt es auch eine freie Community Version, die man für den Aufbau einer Seite oder eines Shops nutzen könnte, jedoch sind dafür mehr Kenntnisse notwendig und man ist auf sich allein gestellt.

---

[4] Vgl. URL: https://de.statista.com/infografik/22209/weltweiter-marktanteil-von-e-commerce-plattform-anbietern-bei-onlineshops/.

[5] S. URL: https://magento.com/solutions/fashion.

Fazit: Magento ist für professionelle Onlineshop-Betreiber, die eine hohe Reichweite haben und hohe Online-Umsätze erwarten die ideale Lösung oder falls Sie bereits mit einer anderen Online-Shop-Lösung hohe Umsätze generieren und auf Magento umstellen möchten, um das Ganze noch professioneller zu gestalten, dann ist es ebenfalls empfehlenswert.

Für den Start genügt aber auch die freie Community Version von Magento oder andere günstige Lösungen, auf die in den folgenden Kapiteln eingegangen wird.

5.2 Die Lösung für Fortgeschrittene

Die Zwischenlösung, um einen funktionierenden Online-Shop aufzusetzen, ist die Software Wordpress in Kombination mit verschiedenen Plug-Ins *(=Erweiterungen für die Webseite)*. Wordpress erfordert keine hohen Investitionen und ist auch ohne viel Vorwissen gut zu installieren und zu bedienen.

Die WordPress-Software ist die beliebteste Software, um Webseiten und Blogs zu erstellen und wurde bereits mehrere Millionen Mal heruntergeladen. Laut W3Techs (Web Technology Surveys) basierten 2019 bereits über 60 % aller Websites, die mithilfe eines Content-Management-Systems erstellt wurden, auf WordPress. Insgesamt entspricht das ca. 40 % aller existierenden Websites.[6] Wordpress erfordert jedoch Zeit und Geduld, vor allem am Anfang. Es ist unablässig sich vorher zu informieren oder den

---

[6] Vgl. https://kinsta.com/de/wordpress-marktanteil/

ein oder anderen Online-Kurs diesbezüglich zu absolvieren, um gängige Fehler von vorneherein auszumerzen. Shopware ist eine weitere gute Alternative für Fortgeschrittene.[7]

5.3 Die Lösung für Einsteiger

Falls Sie ganz am Anfang mit Ihren Online Marketing und E-Commerce Aktivitäten stehen und sich bisher nie mit diesem Thema beschäftigt haben, dann sind die heutigen Baukastensysteme und „Software as a Service"-Lösungen die richtige Wahl, um schnell in den Bereich E-Commerce zu kommen und sich eine schöne Internetpräsenz aufzubauen.

Die einfachste Möglichkeit heutzutage einen professionellen und modernen Online-Shop zu erstellen, bietet das Baukastensystem *shopify*.

Über www.shopify.de kann man sich mit seiner E-Mail-Adresse auf der Seite einloggen, sagen für welchen Bedarf man eine Webseite braucht, klickt dann ein passendes Theme (Grafische Webseitenvorlage) an und kann anschließend im angezeigten Dashboard (das ist sozusagen die Zentrale, worüber alles gesteuert wird) anfangen die Seite weiter auszugestalten.

Die Software bietet verschiedene Möglichkeiten zur Suchmaschinenoptimierung (SEO), es können Blogs eingebaut werden, es kann ein Online-Shop integriert werden, es können eigene Logos, Bilder oder Videos hochgeladen werden, E-Mail-

---

[7] S. URL: https://de.shopware.com/

Marketing-Software ist leicht zu integrieren, Google Analytics kann eingebunden und verschiedene Codes mit der Seite so verknüpft werden, dass es Ihnen im Bereich Online-Marketing eine große Unterstützung bietet (Stichwort: Facebook Pixel).

Nachteil ist, dass es vor allem für dynamische Shops und große, individuelle Weblösungen nicht reicht, da man sich bei shopify und den anderen Baukastensystemen aus dem bedient, was das Programm bietet und es bietet dann nicht immer für jeden individuellen Wunsch etwas an. Dafür ist es aber günstig und auch ohne jegliche Vorkenntnisse leicht zu bedienen.

Zusätzlich ist zu erwähnen, dass *shopify* die Möglichkeit bietet (ähnlich wie bei Wordpress) Plug-Ins einzubauen, die verschiedene Bedarfe erfüllen. Diese Erweiterungen sind dann entweder kostenlos oder können für einen kleinen Betrag eingekauft werden. Es sind meist nützliche Erweiterungen wie Umfragetools, Hilfen für mehrsprachige Webseiten, Marketing Tools und vieles mehr.

Falls Sie eine andere Software nutzen möchten als shopify, können Sie mit Hilfe folgender Systeme ebenfalls Webseiten und Online Shops kreieren:

- Weebly.de
- Jimdo.de
- Wix.com

Probieren Sie die Möglichkeiten aus und entscheiden Sie, welche dieser Möglichkeiten Ihnen am besten liegt. Am Ende des Tages kommt es auf Ihr persönliches Engagement und Ihre Erfahrung mit diesem Tool an und weniger darauf, welcher Anbieter dahinthersteckt.

Für den Start und für die strategischen Vorgehensweisen im Social Media Marketing reicht es tatsächlich, wenn Sie sich für die Einsteigerlösung entscheiden und den Besucherverkehr der sozialen Medien auf **Ihre Webseite** lenken.

Wir möchten nämlich im späteren Verlauf Menschen **aus** den sozialen Medien auf **Ihre Webseite** bringen, auf dieser Webseite „tracken", d.h. die Personen speichern, und diese Personen anschließend mit gezielten Marketing Maßnahmen wieder erreichen (Retargeting!). Für diesen Retargeting Vorgang muss man zwar nicht unbedingt eine Webseite haben, weil Facebook und Instagram auch andere Möglichkeiten bieten interessierte Personen zu speichern, aber es ist absolut zu empfehlen, da es die Spreu vom Weizen trennt und sie tatsächlich die Personen wieder erreichen, die Ihre Webseite besucht haben.

Das bedeutet: Bauen Sie wenigstens einen kleinen Internetauftritt mit eines der oben aufgeführten Baukastensysteme oder fragen Sie unverbindlich bei mir nach einem Angebot an.

Ich unterstütze Sie gerne mit an mit meiner Agentur und wir bauen Ihre Seite entsprechend zeitgemäß, mobile optimiert, UX-optimiert[8], unterstützen Sie beim Thema Datenschutzkonformität

---

[8] UX=User Experience: Dies beschreibt die Erfahrung eines einzelnen Users, die er mit der Webseite beim Bedienen dieser Webseite macht. Es macht Sinn die Webseite so aufzubauen, dass der User möglichst nahtlos durchgleitet und zu den Ergebnissen kommt, die der Webseitenbetreiber gerne hätte (Auf einen bestimmten Button klicken, eine Kontaktanfrage senden, eine Buchungsanfrage senden, eine Reservierung durchführen etc.).

der Webseite und optimieren die Seite entsprechend für die späteren Social Media Marketing Maßnahmen.

5.4 Die zweite Zwischenlösung: „Marktplatzanbindung"

Es gibt zwischen einem eigenen Online Shop oder einem eigenen Internetauftritt auch noch die Lösung der Marktplatzanbindung, falls Sie ein stationärer Händler sind, der Produkte verkauft.

Das bedeutet, dass Sie sich an bestehende Marktplätze anbinden und für jeden Verkauf (oder die Möglichkeit dort gelistet zu sein) eine kleine Gebühr bezahlen.

Ähnlich wie bei einem lokalen Flohmarkt können Sie eine Gebühr bezahlen und im Gegenzug dürfen Sie dann dort verkaufen.

Die bekanntesten Marktplätze sind:

- Amazon
- OTTO
- Zalando
- eBay

Nutzen Sie die Möglichkeiten und testen Sie es gerne für sich aus, wenn Sie die Ressourcen haben diese Marktplätze zu bedienen.

Sie brauchen im besten Fall eine Person, die sich nur um die Marktplätze kümmert, welche die Produktdaten einpflegt und sich damit auseinandersetzt, wie man nach und nach auf den Markplätzen besser platziert wird.

Die Marktplätze haben nämlich eigene Algorithmen, die für die Platzierung der Produkte verantwortlich sind. Wenn man sich damit auseinandersetzt und auskennt, dann wird man besser gefunden. Das ist zu vergleichen mit dem Thema der „Suchmaschinenoptimierung" bei Google.

Logistisch betrachtet ergibt es Sinn, wenn für die einzelnen Markplätze eigene Produkte oder ein eigenes Kontingent an Produkten eingeplant wird, damit man mit den Beständen für den stationären Handel nicht in Konflikt gerät.

Der große Vorteil von Marktplätzen ist, dass diese bereits einen hohen Traffic[9] aufweisen und man nicht erst eine eigene Webseite aufbauen und dann dafür sorgen muss, dass irgendjemand diese Webseite sieht.

Für diesen Vorteil zahlt man meistens die entsprechenden Fixgebühren mit einer variablen Gebühr pro Verkauf. Sie kaufen sich somit den Vorteil ein und das kann durchaus Sinn machen, wenn Sie sich Zeit für diese Marktplätze nehmen.

Zu empfehlen ist, dass Sie sich einen Marktplatz (beispielsweise Amazon) aussuchen und diesen von vorne bis hinten kennenlernen. Nehmen Sie sich die Zeit dafür, schauen Sie auf was dort geachtet wird, wie man besser platziert wird, wie andere Unternehmen dort Erfolg hatten, die Ihrer Größenordnung entsprechen und bauen Sie eine eigene Strategie für Sie auf. Das ist besser, als wenn Sie versuchen auf mehreren Plattformen

---

[9] Traffic: Die Besucheranzahl auf der Webseite. Beispiel: 1.000 Besucher pro Tag / 20.000 Besucher pro Monat / 30 Besucher pro Stunde. Das sind alles Traffic-Zahlen.

gelistet zu sein und dabei alles aus den Augen verlieren und durcheinanderkommen.

5.5 Die dritte Möglichkeit: Eine zeitgemäße Online Marketing Strategie

Nehmen wir nun an Ihre Präsentations-Webseite ist aufgebaut, alle notwendigen Informationen sind auf der Webseite drauf, die Seite ist Online Marketing technisch ebenfalls bereit für neue Besucher und potenzielle Kunden.

Ist das Ganze mit einer Webseite getan? Natürlich nicht. Anfang des 21.Jahrhunderts hatten genau die Menschen diesen Fehler gemacht, die in Webseiten investiert haben, die einfach nur Webseiten waren. Eine Webseite hat niemals den Selbstzweck einer Webseite und eine Webseite wird auch niemals automatisch Besucher erhalten, wenn sie neu auf den Markt kommt. Es erfordert weiteren Aufwand, um den Traffic (Besucherverkehr) aufzubauen.

Um Besucher zu generieren und das gewünschte Ziel zu erreichen, (In Ihrem Fall: Menschen in den stationären Handel bringen) muss man einen holistischen Ansatz durchdenken.

Eine Webseite lebt nur durch Besucher, welche die Inhalte dieser Seite konsumieren und um die Seite zum Leben zu erwecken muss man auf diese Seite und auf sich/sein Unternehmen aufmerksam machen.

Amazon ist damals hauptsächlich durch Google Werbung groß geworden. Das Konzept und die Webseite allein hätten nicht ausgereicht, um zu einer Weltmarke zu werden.

Heute kennt man Amazon und der Versandhändler muss nicht mehr durch Google Werbung auf sich aufmerksam machen. Dennoch nutzt das Unternehmen auch heute noch gerne Google Werbung nutzt sowie andere bezahlte Online-Marketing-Maßnahmen, weil Amazon weiß, dass es funktioniert.

Die App „Wish" ist hauptsächlich durch Facebook Werbung groß geworden. Sie kennen die App nicht?

Nicht weiter schlimm, denn momentan kennen die meisten Personen die App noch nicht. Diese App generiert aber bereits heute einen Umsatz von ca. 2 Milliarden Euro und Amazon beobachtet diesen Konkurrenten ganz genau.

Wie hat „Wish" diese Größe erreicht?

Die App ist durch zwei Dinge groß geworden:

1. Einzigartiges Konzept
2. Social Media Werbung

Die App hat den Aufbau eines digitalen Wühltisches inklusive beeindruckender Mondpreise der einzelnen Artikel (die querbeet reingestreut sind) und ist 100% mobile optimiert. Die App ist also nur auf das Handy spezialisiert und damit zeitgemäß aufgebaut.

Die Artikel sind zum Teil 90% reduziert (sofern das echte Reduzierungen sind) und das Konzept geht auf.

Bekannt wurde die App aber vor allem durch zielgerichtete Facebook Werbung. Etwa 98% des Werbebudgets (Quelle: Gary Vaynerchuk) wird in Facebook und Instagram Werbung investiert.

Daran sieht man, dass alle neuen und alten Online Konzepte auf Social Media Marketing (Wish) und Suchmaschinenwerbung (Amazon) setzen und es zum Unternehmensausbau nutzen.

Jetzt fällt einem sicher der berechtigte Einwand ein, dass seien ja reine Internetunternehmen. Das ist richtig und deswegen werden wir am Ende des Buches noch auf einige Offline-Beispiele eingehen und kennenlernen wie stationäre Händler die sozialen Medien für sich erfolgreich genutzt haben.

Um uns langsam auf die Social Media Marketing Maßnahmen geistig vorzubereiten, können wir uns zunächst folgende Frage stellen:

Woran scheitern die meisten Unternehmer in einem stationären Geschäft? Beantworten Sie diese Frage zunächst einmal für sich selbst.

Am Ende des Tages scheitern die Unternehmer nicht an den zu hohen Kosten im Laden, am Design des Ladens, an den Mitarbeitern (wobei dies alles eine indirekte Rolle spielt), sondern sie scheitern an der fehlenden **Frequenz** im Laden.

Wenn die Laufkundschaft ausbleibt, dann gibt es auch keine Menschen, die Produkte kaufen könnten. So und nicht anders verhält es sich auch im Internet: Wenn Laufkundschaft fehlt bzw. Im Falle des Internets: Wenn die Besucherzahl oder der Traffic auf der

Seite ausbleibt, dann gibt es auch keine Kunden, die konvertieren könnten.

Grundsätzlich gibt es im Internet zwei Möglichkeiten Besucher auf die eigene Webseite zu bekommen oder durch das Internet Besucher in den stationären Handel zu ziehen:

1. **Paid Traffic:** Dies sind Besucher, die durch <u>bezahlte Werbung</u> zu uns geleitet werden.

2. **Organic Traffic:** Dies sind Besucher, die aufgrund einer Suche über die Suchmaschinen oder die sozialen Medien auf uns aufmerksam werden (weil sie uns selbst suchen oder die Lösung für ein Problem benötigen, welches wir anbieten können) **oder** uns in den sozialen Medien entdecken, nachdem wir organisch (=also kostenfrei) etwas gepostet haben.

Auf diese zwei Möglichkeiten soll in den nächsten Kapiteln ausführlicher eingegangen werden. Sie werden lernen, wie Sie Oganic Traffic auf die Seite bekommen und Sie werden die wichtigsten Methoden der bezahlten Internetwerbung kennenlernen, um Ihr Unternehmen bekannter zu machen.

Wichtiger Hinweis: Es ist bei all den Maßnahmen nicht unbedingt eine eigene Webseite notwendig. Sie ist zwar hilfreich für manche Marketing Strategien, aber sie ist nicht unbedingt zwingend erforderlich, um über die sozialen Medien Menschen in den Laden zu bringen und erste Erfolge zu verzeichnen. <u>Sie können die sozialen Medien und die dortigen Marketing Maßnahmen auf- und ausbauen ohne eigene Webseite!</u> Eine Webseite hat aber immer den Vorteil der **Datenhoheit**. Sie haben mehr Einblicke in die Besucherdaten und können die Menschen wieder gezielt anwerben, welche Ihre Webseite besucht haben.

Allgemeine Statistiken: Im Internet können Sie sehr viele Menschen möglichst zielgerichtet und ohne einen hohen Streuverlust erreichen. Wichtig ist lediglich, dass Sie wissen, wo genau im Internet Ihre Zielgruppe zu erreichen ist.

Etwa 90% der über 15-Jährigen in Deutschland sind online und das nicht gerade wenig: Im Durchschnitt verbringt der deutsche User 5.000 Minuten pro Monat im Internet und ¾ der Zeit in den sozialen Medien.

Die meiste Zeit wird also in diesen sozialen Medien verbracht, doch was sind die sozialen Medien eigentlich genau?

Laut dem Gabler Wirtschaftslexikon werden die sozialen Medien wie folgt beschrieben:

„Soziale Medien dienen der – häufig profilbasierten – Vernetzung von Benutzern und deren Kommunikation und Kooperation über das Internet. Das Attribut kann im Sinne der menschlichen Gemeinschaft oder eines selbstlosen und gerechten Umgangs verstanden werden. [...]

Mit Hilfe von sozialen Medien kann man sich austauschen, etwa unter Privatpersonen oder unter Mitarbeitern. Man kommuniziert, man arbeitet und gestaltet zusammen, wobei Text, Bild und Ton verwendet werden. Man kann sich als Unternehmen mit Kunden vernetzen, zum Zweck des Marketings, der Marktforschung, des Kundensupports und -feedbacks oder des Crowdsourcings, oder als Verwaltung mit Bürgern, zum Zweck der Information und der Partizipation. [...]"[10]

Wenn man nun die eigene Zielgruppe über ein soziales Medium erreichen möchte, sollte zunächst verstanden werden, wie diese Zielgruppe tickt und wo sie ihre Zeit im Internet verbringt. Dazu hilft es, wenn man sich gedanklich in die Zielgruppe versetzt und sich u.a. überlegt, auf welchen Seiten diese Zielgruppe gerne surft, welche Interessen sie hat, womit sie ihre Zeit verbringt, welche Online-Magazine sie liest und in welcher allgemeinen Lebenssituation sie sich befindet.

Ausgehend von den Antworten auf diese Fragen, kann dann entschieden werden, wo im Internet Werbung platziert oder auf welchen Seiten aktiv gepostet wird, um die Zielgruppe zu erreichen.

Das bekannteste soziale Medium, auf welchem man sich nach wie vor engagieren sollte, um die eigene Zielgruppe zu erreichen, ist definitiv Facebook. Die Chance, dass

hier jemand von der eigenen Zielgruppe zu finden ist, ist sehr hoch, da Facebook allein in Deutschland etwa 40 Millionen User hat.

Darüber hinaus gibt es noch viele andere soziale Netzwerke wie Twitter, YouTube, Instagram, Snapchat, Pinterest, XING oder LinkedIn, um nur ein paar davon zu nennen. Überlegen sie sich gut, welche dieser Plattformen für Ihr Marketing relevant sein könnten.

---

[10] Vgl. Bendel, Oliver: „Definition: Was ist "Soziale Medien"?", Gabler Wirtschaftslexikon.   Online: https://wirtschaftslexikon.gabler.de/definition/soziale-medien-52673.

6 DIE (WAHRSCHEINLICH) DREI RELEVANTESTEN SOCIAL MEDIA PLATTFORMEN FÜR IHR ENDVERBRAUCHER-GESCHÄFT

Social Media Plattformen gibt es wie Sand am Meer. Doch wo soll man anfangen? Welche Social Media Plattformen sind die Wichtigsten für mein Geschäft? Worauf sollte man sich fokussieren? TikTok? Snapchat? Facebook? Instagram? LinkedIn? Pinterest?

Das Social Media Prisma von Sten Franke (siehe Google: „Social Media Prisma") zeigt Ihnen, welche Social Media Plattformen alles existieren. Schauen Sie einfach mal rein. Das zeigt die enormen Möglichkeiten auf, mit denen man aktiv werden kann.

Wo soll man denn nun anfangen?

Die klare Antwort darauf: Es kommt drauf an. Ich weiß: Das ist die Lieblingsantwort, die man dabei hören möchte, um Klarheit zu bekommen. Auch wenn es die einzig ehrliche Antwort ist, da jedes Geschäftsmodell individuell ist, so können wir doch sagen, dass es bezüglich dem Endverbrauchergeschäft ein paar klare Favoriten gibt, die wir uns in diesem Buch anschauen werden.

Betrachten wir statistisch die größten Social Media Plattformen (die meist genutzten!) in Deutschland, so stellt sich heraus, dass wir hier

YouTube, Facebook und Instagram auf den ersten drei Plätzen haben. Laut dem aktuellen HDE Online Monitor[11] ist zudem festzustellen, dass auf Basis der Online-Shopper die drei meistgenutzten Plattformen ebenfalls YouTube, Facebook und Instagram sind. Das bedeutet: Diejenigen, die Geld ausgeben im Internet, nutzen hauptsächlich diese drei Plattformen.

Das lässt also erahnen, dass wirtschaftlich betrachtet diese drei Plattformen für das Endverbrauchergeschäft am besten sind, da wir dort kaufkräftige Interessenten erwarten können. Diese Personen geben also bereits Geld im Internet aus, also haben die Personen auch die finanziellen Ressourcen (theoretisch) bei uns Geld auszugeben.

Weiterhin ist dem HDE Online Monitor zu entnehmen, dass die meisten Social Media Nutzer (14-69 Jahre) bei Facebook und Instagram auf ein neues Produkt aufmerksam werden. Diese zwei Plattformen sind also die wichtigsten Entdeckungsplattformen, um neue Unternehmen kennenzulernen.

Aus den genannten Gründen fokussieren wir uns in diesem Buch vor allem auf Facebook und Instagram. Zum Ende des Buchs werden wir auch noch etwas auf YouTube eingehen, doch der Fokus soll auf Facebook und Instagram liegen, da diese die meisten Menschen in Deutschland vereinen. Wenn Sie ein

---

[11] Siehe: https://einzelhandel.de/online-monitor.

stationärer Händler sind, dann werden Sie auf diesen beiden Plattformen sehr wahrscheinlich die größte Reichweite und die schnellsten Ergebnisse erzielen.

WhatsApp als Social Media Messaging Plattform ist hier ebenfalls einer der TOP Favoriten, aber diese Plattform lassen wir in dem Buch im Detail außen vor, da es noch nicht als Werbeplattform dient.

Trotzdem wäre es wichtig die App „WhatsApp Business" als Unternehmen in Erwägung zu ziehen, da mit dieser App die Kundenkommunikation auf- und ausgebaut und damit die Neukundenbeziehung sowie Kundenbindung optimiert werden kann.

6.1 Die ersten Schritte: Die AnSPRACHE

Jede Plattform hat seine eigene Sprache, Kultur und Geschwindigkeit. Wenn man es mit der Offline-Welt vergleicht, dann ist Facebook eine Schnellstraße, Instagram eine Autobahn und YouTube ein Plätzchen am See.

Wieso?
Die Schnelllebigkeit der Inhalte und die Aufmerksamkeitsspanne der einzelnen User dieser Plattformen ist eben unterschiedlich hoch.

Das ist wichtig zu wissen, denn das spiegelt die psychologische Grundbasis wider. Mit welcher Haltung und mit welcher Geschwindigkeit sich die Menschen auf diesen Plattformen bewegen ist essenziell für die eigene Werbung dort.

Eine Person, die gerade im Auto auf der Autobahn fährt, kann und will die Werbung am Straßenrand nicht so lange auf- und wahrnehmen wie eine Person, die gerade am See sitzt und ein Magazin durchliest. Deswegen können bei Instagram auch keine Videos im Newsfeed hochgeladen werden, die länger als eine Minute gehen (Stand Q4/2020). Über IGTV geht das wiederum bis zu 10 Minuten, aber wieso der Upload über IGTV nicht zu empfehlen ist, falls Sie Videos bewerben möchten, darauf werden wir im späteren Verlauf eingehen.

Wenn Facebook also eine Schnellstraße ist, dann muss die Werbung adäquat an dieses Medium angepasst sein, sonst geht die Werbung unter. Zwanzig Minuten lange Videos sind auf Facebook einfach nicht passend, denn die Geschwindigkeit des Users ist hier zu hoch als dass er das alles aufgreifen könnte und möchte. Die Wenigsten werden am Straßenrand anhalten, aussteigen und die Werbung in Ruhe anschauen. Dann muss es schon sehr gut gemacht sein.
Bei YouTube hingegen ist es etwas entspannter. Man liegt bereits am See, ist sozusagen im Ruhemodus und sucht gezielt nach Inhalten, die man unter Umständen auch eine Stunde lang konsumiert.

Das ist für Sie als Content Creator[12] sehr wichtig zu wissen. Wenn Sie Inhalte für Facebook, Instagram, YouTube oder andere soziale Plattformen kreieren, dann fragen Sie sich immer wie schnell sich die Menschen auf diesen Plattformen fortbewegen, damit Sie die passenden Inhalte produzieren, welche in dieser Geschwindigkeit wahrnehmbar sind.

Fragen Sie sich auch und vor allem WIE die Plattformen genutzt werden, denn das ist entscheidend für die inhaltliche und strategische Positionierung.

Lediglich die Inhalte von einer Plattform in die andere Plattform zu kopieren, ist nicht der optimale Weg. Nehmen wir an Sie haben Print-Werbung mit Bildern Ihrer Produkte und mit Models gemacht. Dann empfiehlt es sich **nicht** diese Bilder einfach in die sozialen Medien zu kopieren.

Wieso das so ist hängt vor allem mit der Einzigartigkeit der neuen Marketingmethoden zusammen. Bei Print, TV, Radio, Plakaten, LED-Wänden auf der Straße und weiteren klassischen Werbemitteln haben Sie eine „1.0-Bespielung", also eine einseitige Kommunikation. Sie wissen nicht wer Ihre Werbung anschaut und wenn der- oder diejenige etwas in diesem Moment an Ihrer Werbung zu kritisieren hat, dann bekommen Sie es auch nicht mit.

Wohingegen beim Online Marketing eine „2.0-Bespielung" zum Tragen kommt, also ein Dialog und weitere, fortführende Aktionen

---

[12] Content Creator: Kreativer Kopf und Ersteller der Inhalte.

können direkt aufgebaut werden. Sie können ein Gespräch mit den Menschen beginnen und Sie können zu weiteren Handlungen anregen wie zum Beispiel zum Klick auf Ihre Webseite oder an einer Umfrage mitzumachen oder dazu anregen den Beitrag direkt zu teilen. Jedes dieser Handlungen können Sie zudem nachverfolgen und für Ihr späteres Marketing nutzen. Dazu im Kapitel „Retargeting" noch mehr.

Hier liegt einer der größten Unterschiede zwischen den klassischen Werbemitteln und den sozialen Medien: **Die Menschen in den sozialen Medien können Ihre Werbeträger werden und Sie können mit diesen Menschen direkt kommunizieren!**
Nutzen Sie diese Unterschiede und gestalten Sie Ihre Werbung **individuell** für die jeweiligen Plattformen.
Was sind die Hauptinhalte auf den drei Plattformen, die derzeit am besten funktionieren?

Kurz und knapp zusammengefasst kann man sagen, dass die beliebtesten Inhalte auf den Plattformen tendenziell die folgenden Punkte sind:

Facebook: 1 bis 3 Minuten lange Videos
Instagram: Stories und Reels
YouTube: Bis 15 Minuten lange Videos mit Tutorial Charakter

Das sind auf den drei Plattformen, technisch gesehen und vom Algorithmus, die am meisten ausgesteuerten Inhalte, wenn es um organische Reichweiten geht.

Viel wichtiger ist als die rein technische Argumentation ist aber der Inhalt, den Sie in solche Videos, Stories oder Reels packen. Es kommt auf Ihren Inhalt, auf Ihr Creative an (Creative= Einfach ein cooleres Wort für kreativen Inhalt, den Agenturen gerne nutzen...). Es kommt auf die Botschaft und das Angebot an und das sollte auch an die passende Zielgruppe kommuniziert werden.

Damit wir uns etwas an die Architektur einer guten Botschaft nähern, betrachten wir im Folgenden die **psychologische Grundhaltung** der User auf diesen Plattformen. Wenn Sie das verstanden haben, dann werden Sie automatisch bessere Marketing-Ideen haben und umsetzen.

6.2 Aus welcher Motivation heraus nutzen Menschen die sozialen Medien?

In vielen Gesprächen mit meinen Kunden und Studenten, sowohl in Workshops als auch im Unterricht stelle ich immer wieder die Frage wie sie die sozialen Medien nutzen.

Die gängigsten Antworten lauten (lesen Sie diese **LANGSAM** und in Ruhe durch und denken Sie über jeden Punkt kurz nach/Verinnerlichen Sie bitte die Aussagen!):

- Neugierde darüber befriedigen, was die Anderen so machen
- Unterhaltung
- Informationsaufnahme
- Kommunikation mit Freunden
- Zeitvertreib ohne bewusste Wahrnehmung des Inhalts
- Selbstdarstellung (vor allem auf Instagram)
- Inspiration
- Zugehörigkeitsgefühl / Teil einer Community sein

Haben Sie etwas gemerkt?

All diese Antworten haben **nichts** mit Online Shopping zu tun.

Kaum einer gibt die Antwort, dass er auf die Plattformen geht, um dort bewusst einzukaufen. Genau das sind die sogenannten **psychologischen Loginfaktoren!**

Die Antworten entsprechen nämlich der Motivation sich auf den sozialen Plattformen einzuloggen.

Das bedeutet für Sie als Marketing-Verantwortlicher und -Manager: Überlegen Sie sich Inhalte, die **keinen** reinen Verkaufs- und Produktcharakter haben, sondern die psychologische Grundhaltung der oben genannten Punkte der User widerspiegeln. Die User wollen nichts kaufen, sie wollen erstmal Spaß haben oder etwas lernen. Befriedigen Sie zuerst eines dieser zwei Punkte und leiten Sie **dann** den Verkauf ein, sobald die Beziehung aufgebaut ist.

Im stationären Laden ist es ja nicht anders. Obwohl der Ladenbesucher bereits IM LADEN steht und da noch EHER dazu geneigt ist etwas zu kaufen (als von der Couch aus im Wohnzimmer), gehen unsere Verkäufer trotzdem nicht auf diese Person mit einem Produkt zu und versuchen es ihm „anzudrehen". Der Kunde wird erstmal freundlich begrüßt, in Ruhe gelassen und im weiteren Verlauf findet der Verkauf statt. So und nicht anders sollte es beim Erstkontakt im Internet ebenso ablaufen: Freundliche Wahrnehmung des Unternehmens, Befriedigung eines der oben genannten initialen Bedürfnisse und anschließender Beziehungsaufbau mit Verkaufsanbahnung der Produkte.

Erinnern Sie sich an den Beginn des Buchs und den orientalischen Basar. Wie schaffen Sie es im Push Marketing unaufdringlich zu sein?

Dieses Prinzip ist branchenübergreifend gültig für die sozialen Medien, egal ob Sie einen Handwerksbetrieb, ein KMU, ein DAX-Unternehmen, ein Pflegeheim oder einen Einzelhandel führen.

6.3 Die drei Phasen der Kundenbeziehung

Die Kundenbeziehung und der Verkauf über das Internet wird ähnlich vorbereitet wie im Offline-Handel, nur mit etwas mehr Vorlaufzeit. Selbst wenn Sie keinen Online Shop haben, sehen diese Schritte genauso aus in Ihren sozialen Medien, um die Frequenz und den Verkauf im stationären Handel zu steigern.

Abbildung 1: Die drei Phasen der Kundenbeziehung

Der erste Schritt ist das Kennenlernen, auf Englisch „KNOW". Dabei geht es vor allen Dingen darum, dass die Zielgruppe Ihr Unternehmen kennenlernt. Sie lernen auch die Zielgruppe kennen, aber der Fokus liegt hierbei darauf, dass Ihr Unternehmen wahrgenommen wird.

Bei der „KNOW"-Phase wollen Sie sich also präsentieren, Ihre Produkte zeigen und eine Beziehung langsam aufbauen.
Doch wie machen Sie das bestenfalls?

Wenn Sie an die psychologische Grundhaltung denken, dann wäre das der Schritt bei welchem Sie an die Gefühlswelt und die Erwartungshaltung der Social Media User anknüpfen können. Die Menschen möchten inspiriert, unterhalten, informiert, motiviert oder in ihrer Neugierde befriedigt werden.
Sie erstellen also Inhalte, welche **diese psychologischen Loginfaktoren** erfüllen.

Das können Tutorial Videos sein (Faktor: Neugierde), inspirierende Outfits (Faktor: Inspiration), unterhaltsame Videos (Faktor: Unterhaltung), Gewinnspiele (Faktor: Freude) und vieles mehr.

An dieser Stelle, an dem ersten Schritt, geht es **vor allen** Dingen darum gesehen zu werden, Interaktionen zu schaffen, Emotionen auszulösen und wenn Sie das mit einem Produkt in Verbindung bringen, dann gehen Sie bitte zuerst auf die emotionale Ebene ein und nicht auf die reine, rationale Produktebene.

Wieso erst die emotionale Ebene? Weil die emotionale Ebene unsere rechte Gehirnhälfte darstellt. Diese Gehirnhälfte wird immer zuerst angesprochen. Erst kommen die Emotionen und dann wird unser rationaler Verstand (linke Gehirnhälfte) aktiviert. Die linke Gehirnhälfte ist für das analytische Denken zuständig.

Beispiel: Sie wollen sich einen Porsche kaufen. Rational betrachtet sind Luxusautos absolut nicht notwendig. Emotional haben Sie aber bereits die Entscheidung getroffen einen Porsche zu kaufen. Das rationale Hirn fügt dann noch Dinge hinzu wie „der Wertverlust des Autos ist so gering", „die verbrauchen heutzutage verhältnismäßig sehr wenig die neuen Porsche", „die Motoren sind sehr qualitativ", „deutsche Qualität" usw.
Das rationale Hirn fügt dann (manchmal vermeintlich) rationale Dinge hinzu, um die Entscheidung des emotionalen Hirns zu rechtfertigen.

Das kann bei Porsche, Rolex, dem zehnten Paar Schuhe, der fünften Jacke und der vierten Frau der Fall sein (wenn Sie bereits die vierte Frau in Ihrem Leben haben, fragen Sie sich was Sie emotional noch in sich zu erledigen haben – da bin ich aber leider nicht der Experte dafür).

Bei jeder Entscheidung, die wir fällen, hat das emotionale Hirn bewusst oder unbewusst bereits alles erledigt und das rationale Hirn meldet sich im zweiten Schritt.

Natürlich wird das rationale Hirn nicht immer alles rechtfertigen, was emotional entschieden wurde, sonst würden wir ja **jeder** Werbung verfallen. Genauso oft bremst das analytische Hirn auch die emotionale Entscheidung und stimmt uns wieder um, wenn die rationalen Gründe nicht stark genug sind für unseren derzeitigen Wissensstand.

Wenn wir also Werbung in den sozialen Medien gestalten, sollten wir uns also dessen bewusst sein und das Marketing so konzipieren, dass beide Gehirnhälften angesprochen werden.

Ich nenne das die <u>RE-LI-Methode</u> → Erst die rechte Gehirnhälfte, dann die linke Gehirnhälfte.

Beispiel: Sie verkaufen Matratzen in Ihrem Laden und Sie möchten sich mit einem Video in der KNOW-Phase präsentieren, so dass potenzielle Kunden eine Beziehung zu Ihnen und Ihrem Unternehmen aufbauen.

Das Video könnte so gestaltet sein, dass Sie zunächst einen emotionalen Trigger ansprechen, wie beispielsweise den

Schmerzpunkt der Zielgruppe. Der Schmerzpunkt könnte sein „Rückenschmerzen".

Titel des Videos: „4 Wege, um deine Rückenschmerzen nach dem Aufstehen zu lindern".

Sie gehen auf die Problemstellung der Zielgruppe ein, wie Rückenschmerzen durch falsche Matratzen und/oder falsche Schlafpositionen entstehen und wie Sie dieses Problem lösen können.

In diesem Video präsentieren Sie die verschiedenen Lösungswege, unter anderem ist ein Weg die „richtige Matratze", dann stellen Sie Ihre Produkte vor und gehen anschließend rational auf die Argumente ein, wieso eine Matratze bei Ihnen gekauft werden sollte und welch ausgefallenen neuen Matratzen Sie haben.

Mit dieser Vorgehensweise haben Sie sowohl die rechte emotionale Gehirnhälfte angesprochen, da Sie auf die emotionalen Probleme der Zielgruppe eingehen als auch die linke Gehirnhälfte indem Sie die Funktionen, Vorteile, Benefits, Sparpreise uvm. ansprechen.

*(Anmerkung: Sie können diese Unterteilung (emotional/rational) auch in einem **Funnelsystem** durchführen. Auf das Funnelsystem werden wir noch im späteren Verlauf eingehen.)*

Wenn Sie kostengünstige und effektive Videos erstellen lassen möchten, dann dürfen Sie sich auch gerne bei uns melden. Wir haben hier eine hybride Variante entwickelt, die Videoproduktionen um 80% günstiger macht, da Sie einen Teil aufnehmen und mein Team lediglich das Video Editing übernimmt, das Video richtig schneidet, es an die sozialen Medien anpasst etc. Geben Sie uns einfach Bescheid unter www.su-squad.de , falls Sie Interesse daran haben.

Diese Ansprache muss aber nicht immer in einem Video geschehen. Wenn Sie kein Video erstellen möchten, dann haben Sie auch die Möglichkeit ein passendes Bild hochzuladen und über den dazugehörigen Text die **RE-LI-Methode** durchzuführen.

Zu Beginn des Textes wird die emotionale Ebene angesprochen und im weiteren Verlauf die rationalen Gründe, welche den potenziellen Kunden dazu bewegen sollen bei Ihnen einzukaufen.

Menschen möchten nicht gleich bei jemandem einkaufen, wenn sie dieses Unternehmen nicht mal kennengelernt haben, vor allen Dingen nicht bei Unternehmen, die austauschbare Produkte haben wie Modemarken im Einzelhandel.

Wenn Sie produktseitig austauschbar sind (für den User gefühlt), dann zählt erst recht Ihre **Persönlichkeit** und Ihre **Kreativität**, die in der „KNOW"-Phase mit Ihren besonderen Inhalten herausstechen kann. Bitte fotografieren Sie nicht einfach ein Produkt aus Ihrem

Laden und stellen es online mit einem Preis. Das wird <u>NICHT</u> funktionieren.

Preise und Produktfeatures sprechen lediglich die linke Gehirnhälfte an. Die emotionale Ebene fehlt hier. Das reizt keinen und befriedigt keines der oben genannten psychologischen Grundhaltungen und Bedürfnisse. Die Menschen gehen NICHT in die sozialen Medien, um zu shoppen. Wenn Sie als Unternehmen Ihre Produkte zeigen möchten in der KNOW-Phase, dann sollte der emotionale Benefit und die Lösungsorientierung im Vordergrund stehen.

Wenn Sie das verstanden und verinnerlicht haben, dann sind Sie den meisten Händlern voraus.

Die zweite Phase ist das „Mögen", das sogenannte „LIKE". Posten Sie regelmäßig Inhalte, die relevant sind für den User und die der User mag. Wenn es gut gemachte Inhalte sind, dann besteht die Wahrscheinlichkeit, dass Sie gemocht werden und nach und nach die wichtigste Phase eingeleitet wird. Die ersten zwei Phasen hängen also stark miteinander zusammen. Der User sollte Sie kennenlernen und am besten mit Inhalten, die mit diesem User in Resonanz stehen.

Hier spielt der „Social Proof" auch eine wichtige Rolle. Posten Sie immer wieder Beiträge, die **beweisen** (=proof), dass **andere Menschen** (=social) mit Ihren Produkten/Ihrem Unternehmen/Ihrem Service zufrieden sind. Das können zum Beispiel Testimonials sein in Form Ihrer Stammkunden.

Fragen Sie doch Ihre Stammkunden, ob diese ein kurzes Statement abgeben möchten zu Ihrem Laden. Das Statement kann dann entweder als Video-Statement aufgenommen werden oder (wenn es Hemmungen gibt), dann könnte es auch ein Foto sein mit einem schriftlichen Statement. Fragen Sie Ihre Kunden, wieso sie bei Ihnen einkaufen. Fragen Sie, womit sie zufrieden sind, was ihnen besonders gefällt, welche Produkte sie schätzen und welchen Service diese gut finden. Bauen Sie damit Emotionen auf und damit auch eine direkte Verbindung zu weiteren potenziellen Kunden, denn „Social Proof" ist ein starkes Element in der Überzeugung anderer Menschen.

Wenn andere Menschen sehen, dass Sie gute Dienste leisten, Fachkompetenz haben und vertrauenswürdig sind, dann sind sie eher dazu geneigt zu Ihnen in den Laden zu kommen.
Wenn Sie ein „unbeschriebenes Blatt" im Internet sind, dann ist es eher schwierig aus der Ferne zu überzeugen. Vor allem zur aktuellen Zeit des Lockdowns, Stay Home und anderer „New Normal"-Entwicklungen wird es immer wichtiger aus der Ferne zu überzeugen.
Interagieren Sie offline mit Ihren Kunden und bringen Sie diese Aussagen und Stimmen in die Online-Welt, damit andere sehen, wie gut Sie sind. Kaum etwas ist glaubwürdiger als das Lob anderer Menschen. In jedem Fall glaubwürdiger, als wenn Sie sich selbst loben.

Bauen Sie also (unter anderem) mit dem fremden Lob die „LIKE"-Phase auf, so dass Ihr Unternehmen nach und nach immer positiver wahrgenommen wird.

Um die LIKE-Phase noch aufzubauen können Sie immer wieder Inhalte produzieren, die sich mit den psychologischen Loginfaktoren decken. Diese sind nicht nur der KNOW-Phase vorbehalten. Hier geht es eher um eine emotionale Unterteilung:

KNOW führt irgendwann zu LIKE, wenn Sie den Menschen immer wieder das bieten, was diese mögen und was ihnen einen Mehrwert gibt.

Die wichtigste Phase ist die „TRUST"-Phase. Sie bezeichnet das Vertrauen das entsteht, nachdem der User Sie kenngelernt hat, Ihnen immer wieder kontinuierlich in den verschiedensten Formen begegnet und Ihre Inhalte mag.

Das Vertrauen sorgt für den Aufbau der Kundenbeziehung sowie den Ausbau dieser Bindung. Denken Sie beim Thema Vertrauen auch immer an die „Intime Distanzzone" und die Erkenntnisse aus diesem Kapitel. Durch Kontinuität und Persönlichkeit können Sie dieses Vertrauen etablieren.

Investieren Sie in das Vertrauen. Das ist Ihr Fundament. Wenn Menschen Ihnen und Ihrem Unternehmen vertrauen, werden sie eine persönlichere Beziehung zu Ihnen haben und im Endeffekt mehr Umsatz generieren können. Im Internet braucht es eine ganz eigene Vorgehensweise Vertrauen aufzubauen, da man nicht sofort den menschlichen Kontakt verspürt.

Fragen Sie sich aber wie Sie mehr Menschlichkeit in Ihr Online Marketing bringen können.

Fragen Sie sich wer von Ihnen und Ihrem Team persönlich vor die Kamera treten und mit den Menschen interagieren kann und möchte. Das ist Ihre Chance. Nutzen Sie die technischen Möglichkeiten, um mehr Menschlichkeit in die sozialen Medien zu bringen in Form von Videos, Stories, Bildern, Texten und LIVE Aufnahmen.

Im nächsten Kapitel wird zunächst kurz und knapp auf die Struktur einer Online Marketing Strategie eingegangen.

Anschließend wird auf das soziale Netzwerk Facebook eingegangen und mit welchen Marketing Methoden dort die Menschen erreicht werden können.

Wir werden Schritt für Schritt die grundlegenden Gedanken dazu betrachten und die wichtigsten Funktionen beleuchten, mit denen Sie Ihr Social Media Marketing gestalten können.

7 DIE ONLINE MARKETING STRATEGIE IN FÜNF SCHRITTEN

Bevor Sie nun anfangen mit dem operativen Betrieb Ihrer Social Media Plattformen, sollten Sie sich überlegen wie Ihre Strategie genau aussieht.

Erfahrungsgemäß bieten sich die folgenden fünf Fragen an, wenn es um eine Ausarbeitung einer Online Marketing Strategie geht:

1. **Wie lautet meine Botschaft?** Neudeutsches Stichwort „Branding": Machen Sie sich Gedanken zu Ihrer Botschaft und zu dem wofür Sie und Ihr Unternehmen und alle Ihre Mitarbeiter im Unternehmen stehen? Was ist Ihre Mission? Was ist Ihre Vision? Was ist Ihr „Warum"? Wieso tun Sie das was Sie jeden Tag tun? Formulieren Sie hier eine gute knackige Botschaft an Ihre Zielgruppe, so dass jeder Mensch, der Ihnen zum ersten Mal begegnet auch direkt weiß, worum es bei Ihnen geht. Eine Botschaft sollte in einem Satz erläutert und konkret auf den Punkt gebracht werden.

    a. **Beispielbotschaft 1:** Wir helfen unseren Kunden online und vor Ort jeden Tag aufs Neue die passenden Bettwaren zu finden, um einen erholsamen Schlaf und mehr Gesundheit zu gewährleisten.

63

b. **Beispielbotschaft 2:** Wir stehen jeden Tag aufs Neue für unsere Kunden auf, damit sie das passende Outfit für ihr nächste Veranstaltung finden und sich selbstsicher und zufrieden fühlen.

Sie sehen: Es geht darum auf den Punkt zu bringen was Sie für die Kunden tun oder was Sie für die Gesellschaft allgemein tun oder was Sie für die Umwelt tun. Eine gute Botschaft bringt immer auf den Punkt was Sie konkret tun, um anderen zu dienen. Es sollte sowohl für Sie als auch für die Kunden motivierend klingen. Von der Botschaft ausgehend machen Sie sich anschließend über alle anderen Punkte Gedanken. Die Botschaft wirkt wie ein Schleier, welcher über alle anderen Punkte gelegt wird und immer mitschwingt bei allen weiteren Maßnahmen. Machen Sie sich nun Gedanken zu Ihrer eigenen Botschaft.

2. **Wer ist meine Zielgruppe?** Machen Sie sich darüber Gedanken welches Problem Sie lösen möchten und welche Menschen Sie genau erreichen möchten. Nicht nur die soziographischen oder geographischen Daten sollten in diese Zielgruppendefinition einfließen, sondern vor allem auch die Interessen und Gewohnheiten dieser Zielgruppe. Wie leben diese Menschen, was für einen Lifestyle haben sie, wie verbringen sie ihre Freizeit, welchen Berufen gehen sie nach, welche Wertvorstellungen haben sie, wie sieht der familiäre Status aus, welche Technologien nutzen sie und vor

allem auf welchen Social Media Plattformen bewegen sie sich und wie nutzen sie diese sozialen Medien? Die Zielgruppe sollte glasklar sein, denn nur so können Sie auch ein glasklares Angebot erstellen, um diese Zielgruppe effektiv zu erreichen. Nehmen Sie sich dafür etwas Zeit und schreiben Sie Ihre Gedanken über Ihre Zielgruppe auf.

3. **Was ist mein Ziel?** Bevor Sie weitermachen, machen Sie sich klar, welches konkrete Ziel Sie haben und welche Unterziele Sie dafür ableiten. Ihr oberstes Ziel ist beispielsweise der Verkauf Ihrer Produkte im stationären Handel. Um dieses Ziel aber zu erreichen, müssen Sie erstmal eine gewisse Bekanntheit innerhalb Ihrer Zielgruppe erlangen. Über die Bekanntheit hinaus müssen Sie innerhalb dieser Zielgruppe einen Mehrwert geben und sich ein Vertrauen erarbeiten. Innerhalb dieser Vertrauenssituation können Sie viel effektiver und einfacher verkaufen, da die Menschen Sie bereits kennen und wissen, wie gut Sie sind. Denken Sie dabei an die Phasen „KNOW, LIKE und TRUST". Formulieren Sie Ihr Ziel so, dass es konkret definiert ist, einen bestimmten Zeitraum hat, in welchem es erreicht werden soll und realistisch ist. Schauen Sie sich dafür auch mal die Definition von SMART-Zielen im Internet an. Das hilft enorm bei der Zielsetzung und Zielerreichung, da man mit dieser Methode genau weiß wohin man möchte und auch gut kontrollieren kann auf dem Weg, ob man die Teilziele erreicht hat, die dem gesamten Ziel dienlich sein sollen.

4. **Welche Inhalte kann ich kreieren, um die Zielgruppe anzusprechen und die Ziele zu erreichen?** Denken Sie daran auf welchen Social Media Plattformen sich Ihre Zielgruppe bewegt und kreieren Sie Inhalte, die auf diese Zielgruppe und Ihre Ziele/Unterziele bestmöglich abgestimmt sind. Wie können Sie Videos einsetzen, Bilder und Gewinnspiele, um bestmöglich aufzutreten? Denken Sie dabei an die psychologischen Loginfaktoren sowie die (An-)Sprache/Geschwindigkeit der jeweiligen Social Media Plattform.

5. **Wie baue ich ein effektives Controlling-System auf?** All Ihre Bemühungen haben keinen Zweck, wenn Sie nicht wissen, ob es sich auszahlt und Ihre Ziele effektiv erreicht werden. Mit Hilfe der sozialen Medien und des Social Media Marketings können Sie viel erreichen, aber Sie sollten auch immer im Auge behalten, ob sich das Ganze lohnt und wie Sie das steuern können. Online Marketing bietet einige Methoden an, um Ihre Aktivitäten zu messen. Im weiteren Verlauf des Buchs werden wir auf ein paar Möglichkeiten stoßen, die Ihnen beim Controlling behilflich sein können.

Mit diesen fünf Schritten im Hinterkopf haben Sie immer eine gute Vorgehensweise an der Hand, wenn Sie das nächste Mal eine Kampagne im Internet starten oder überhaupt mal starten möchten. Überlassen Sie es nicht dem bloßen Zufall wie Ihr Geschäft wahrgenommen wird.

Zum dritten Punkt der Online Marketing Strategie „Inhalte" gebe ich Ihnen im nächsten Kapitel etwas Inspiration was Sie alles an Inhalten erstellen könnten.

8 INHALTLICHE INSPIRATION FÜR IHREN STATIONÄREN HANDEL

Ihnen gehen manchmal Ideen aus? Sie wissen nicht was Sie in den sozialen Medien posten könnten?

Anbei eine kleine Auflistung all der Punkte, die Sie gut und gerne immer wieder verwenden können, um Ihre Follower zu re/aktivieren:

- Sie freuen sich über etwas? Teilen Sie die Freude darüber in den Instagram Stories oder auf dem News Feed und schreiben einen kleinen Text dazu (oder: in Videoform). Das zeigt wieder Persönlichkeit, Nahbarkeit und Emotionen.
- Sie feiern Jubiläum? Ein Mitarbeiter feiert Jubiläum? Teilen Sie das!
- Erzählen Sie von Ihren Erfolgen.
- Präsentieren Sie Ihre Mitarbeiter und deren Geschichten (Wieso arbeiten die bei Ihnen? Was haben Sie alles so erlebt?)
- Erzählen Sie Geschichten, die Sie mit Kunden erlebt hatten (Horror-Stories, schöne Geschichten, Geschichten über zufriedene Kunden, ...)
- Setzen Sie Mitarbeiter als Ihre Markenbotschafter ein
- Greifen Sie Trends und News auf und geben Sie Ihre Meinung dazu ab. Spielen Sie mit und erzählen Sie mit bei

den Dingen, über die Ihre Kunden auch sprechen. Zeigen Sie Persönlichkeit mit Ihrem stationären Handel!

- Sprechen Sie über bestimmte Events und Aktionstage in der Gegend.
- Kooperieren Sie mit anderen stationären Händlern vor Ort!
- Verkaufsoffener Sonntag? Erzählen Sie darüber!
- Ihren Handel gibt es bereits in dritter Generation? Erzählen Sie davon! Was hat der Gründer durchmachen müssen, damit heute dort eingekauft werden kann? Gibt es lustige, spannende, berührende Geschichten in der Firmengeschichte? Erzählen Sie davon!
- Neue Ware eingetroffen? Erzählen Sie davon! Woher kommt die Ware genau? Wieso haben Sie sich dafür entschieden? Welche Geschichte steckt dahinter? Hat die Marke eine besondere Geschichte? Erzählen Sie davon!
- Hat jemand im Team Geburtstag? Feiern Sie diesen Geburtstag mit Ihren Followern!
- Berichten Sie über Berichte, die von Ihnen im Internet oder Zeitung kursieren.
- Berichten Sie über Besonderheiten Ihres stationären Geschäfts.
- Berichten Sie über die Benefits Ihrer Kunden. Wieso kaufen Kunden gerne bei Ihnen ein?
- Lassen sie doch Kunden vor die Kamera treten und erzählen, wie es denen in Ihrem Laden geht! Wieso kauft ein

Stammkunde bei Ihnen zum 20ten Mal ein? Was ist die Story dahinter, dass die Kundenbindung so ist wie sie ist?

- Wünschen Sie den Followern doch einfach mal einen schönen Tag, erzählen Sie einen Witz, präsentieren Sie was Unterhaltsames oder bringen Sie den Kunden etwas bei!
- Sie haben Produktkenntnisse? Bringen Sie doch diese Ihren Followern bei! Zeigen Sie Ihre Expertise im Laden in Form von Video-Tutorials zum Beispiel.
- Die Mitarbeiter haben ein besonderes Know-how? Dann kann der Mitarbeiter doch etwas davon erzählen und den Followern beibringen!

Es gibt noch viele weitere Möglichkeiten und Impulse. Eine gute Möglichkeit sich Inspiration zu holen ist auch die Seite https://trends.google.de/trends/.

Auf dieser Seite können Sie jeden Tag nachschauen was Deutschland gerade alles „googled" und was in den Google Suchanfragen im Trend ist, auf diesen Zug aufspringen und um diesen Trend herum einen Beitrag planen. Das wäre eine gute Möglichkeit.

Seien Sie generell ein Geschichtenerzähler bei Ihren Inhalten. Seien Sie kreativ, mutig und denken Sie über die Grenzen hinweg, als ob es keine gäbe. So werden Sie auf Dauer interessant bleiben und erfolgreich in Ihrer Zielgruppe wahrgenommen, vor allem wird die Beziehung mit den Kunden sowie den potenziellen Kunden erfolgreich aufgebaut.

Im nächsten Kapitel werden wir inhaltlich auf sechs Methoden der positiven Beeinflussung nach Robert Cialdini eingehen, damit Sie erkennen, wie Sie durch Ihre Inhalte in den sozialen Medien die gewünschten Ziele erreichen können (wissenschaftlich belegt!).

9 DIE SECHS METHODEN DER POSITIVEN BEEINFLUSSUNG NACH ROBERT CIALDINI

Sie wissen nicht wie Sie Menschen gezielt und positiv berühren, beeinflussen und inspirieren können, damit diese Personen bei Ihnen einkaufen?

Dann lesen Sie sich unbedingt das Buch von Robert Cialdini „Influence – Die Psychologie des Überzeugens" durch.
In diesem Buch beschreibt er sechs Methoden, mit denen Menschen nachweislich beeinflusst werden können und die sich hervorragend für die sozialen Medien eignen, um die Unternehmensziele zu erreichen. Diese Methoden sind auch wissenschaftlich begründet und die einzelnen Studien sowie Querverweise dazu finden Sie in dem genannten Buch.
Diese sechs Methoden sind:

1. Das Gesetz der Reziprozität
2. Knappheit
3. Autorität
4. Konsistenz
5. Wohlgefallen
6. Konsens

„Das Gesetz der Reziprozität" besagt, dass Menschen eher dazu geneigt sind eine von Ihnen gewünschte Handlung durchzuführen (z.B. Ihren stationären Handel zu besuchen), wenn diese Menschen zunächst einen Mehrwert durch Sie erhalten haben. Was bedeutet das?

Sie schenken zum Beispiel den Menschen ein Event in Ihrem Haus, Sie produzieren kleine Videos, in denen Sie Ihren Followern / potenziellen Followern Inhalte präsentieren, die Mehrwert bieten. Das können Inhalte sein, die einen edukativen Charakter haben, Inhalte sein, die inspirierend sind, unterhaltsam und/oder eines der anderen genannten psychologischen Faktoren abdecken.

Kurz gesagt: Geben Sie den Menschen zuerst etwas von sich. Dann sind die Menschen auch eher geneigt etwas zurückzugeben, in Form eines Besuchs und Produktkaufs in Ihrem Ladengeschäft. *Geben Sie, dann wird Ihnen gegeben.*

Diese Strategie funktioniert nachweislich sehr gut.

Das Prinzip der „**Knappheit**" kennen Sie sicherlich bereits. Wenn etwas den Anschein erweckt, als sei es nicht immer und zu jederzeit zu haben, dann wird es umso attraktiver. Wenn Sie also Aktionen planen und diese zeitlich befristen und damit in die Social Media Werbung gehen, dann haben Sie gute Chancen gesehen zu werden und diese Produkte auch abzuverkaufen. Sie haben einen SALE? Dann schreiben Sie unbedingt bei Ihrer Social Media Werbung rein wie lange dieser SALE noch gültig ist und erinnern

Sie die Menschen immer wieder daran, dass sie nur begrenzt Zeit haben sich für die Produkte zu entscheiden.

Im Teleshopping wird dieses Prinzip wunderbar angewandt und funktioniert bis heute noch sehr gut.

Der Punkt der „Autorität" besagt, dass Sie besser angesehen werden, wenn Sie eine Autorität sind oder mit einer Autorität in Ihrer Branche zusammenarbeiten. Was bedeute das praktisch?

Nehmen wir an Sie sind ein Herrenausstatter seit 100 Jahren und führen den Laden in vierter Generation. Dann machen Sie auf diesen Faktor immer wieder aufmerksam, denn es zeigt wie autoritär Sie sind und welche Expertise Sie in diesem Bereich aufweisen können. Das wird die Wahrnehmung Ihres stationären Geschäfts sicherlich verbessern.

Sie können keine 100 Jahre nachweisen? Macht nichts. Dann arbeiten Sie mit Experten zusammen und / oder mit Influencern aus der Branche. Sie verkaufen Anzüge? Dann suchen Sie sich doch einen Influencer aus, der seinerseits gerne Anzüge trägt und Ihren Handel ganz authentisch repräsentieren kann. Er wird als Experte wahrgenommen und damit auch Ihr Geschäft durch die Zusammenarbeit. Zum Thema „Influencer Marketing" wird es später noch ein separates Kapitel geben.

Der Punkt „**Konsistenz**" besagt, dass Menschen eher geneigt sind eine Aktion durchzuführen, wenn Sie bereits Aufwand reingesteckt und sich gedanklich für eine Sache entschieden haben. Nehmen wir an Sie möchten, dass Menschen zu einem Ihrer Inhouse-Events kommen. Dann haben Sie die Möglichkeit dieses Event zu bewerben und einfach alle Menschen einzuladen. Das ist Möglichkeit 1.

Die Möglichkeit 2 ist, dass Sie dieselbe Werbung schalten und dazu schreiben, dass nur die Menschen zum Event kommen können, die ein Registrierungsformular im Internet ausgefüllt und sich damit angemeldet haben.

Alle Personen, die den Aufwand reinstecken und sich anmelden werden sicherlich eher zu dem Event kommen, als diejenigen die einfach nur auf „LIKE" klicken.

Matratzenverkäufer wenden diesen Punkt gerne an mit der 100-Tage-Testmöglichkeit inklusive Rückgabegarantie. Das bezieht sich auch dein Einflussfaktor der Konsistenz, da die Menschen einen Aufwand reinstecken und sich jeden Tag für die Matratze entscheiden. Nach 100 Tagen gibt kaum einer die Matratze wirklich zurück.

Der Punkt des „**Wohlgefallens**" bedeutet, dass Sie Inhalte produzieren, die beim Gegenüber ein Wohlgefallen auslösen. Um das zu schaffen müssen Sie sich tief in die Zielgruppe reindenken und sich überlegen was dieser Zielgruppe gefallen kann, auf was die Zielgruppe wert legt und wie Sie von Ihrer Zielgruppe gemocht werden können. Das ist eine sehr subjektive Diskussion und Wahrnehmung, aber führt zu einem guten Ergebnis je länger man sich damit auseinandersetzt. Je besser Sie Ihre Zielgruppe kennenlernen, desto besser werden Sie die interessanten Inhalte für diese Menschen produzieren können.

Die letzte Methode bzw. das letzte Prinzip in der Auflistung von Robert Cialdini namens „**Konsens**" bedeutet, dass Ihre Zielgruppe durch die Meinung anderer Menschen beeinflusst wird und Ihnen gegenüber dadurch ein Vertrauen oder ein Misstrauen aufbaut. Wir Menschen sind alles Rudeltiere und wenn viele Personen positiv von Ihnen sprechen, dann lassen wir uns davon beeinflussen und wenn sie negativ sprechen, dann ebenfalls.

Das Vertrauen wird vor allem durch den positiven Konsens, also die positive Übereinstimmung anderer positiver Meinungen Ihnen gegenüber entwickelt. Praktisch gesehen sollten Sie im besten Fall einige positive Kundenstimmen auf Ihre Webseite oder Ihre soziale Präsenz integrieren, hier sprechen wir auch von den sogenannten „Testimonials".

Mit diesen sechs Methoden haben Sie die Möglichkeit Inhalte zu produzieren, die Ihre Zielgruppe überzeugen können. Jede dieser Methoden weist wissenschaftlich nachweisbare Ergebnisse auf und sollten in Variation immer wieder getestet werden.

Ab dem nächsten Kapitel schauen wir uns nun die primären Plattformen an, die für Ihren stationären Handel wahrscheinlich die höchste Relevanz aufweisen.

10 FACEBOOK

Facebook hat am 04.02.2004 mit genau einem User gestartet, nämlich Mark Zuckerberg, dem Gründer von Facebook (damals noch „The Facebook") und die Plattform hat sich seitdem enorm entwickelt.

Heute verzeichnet Facebook mehr als 2,7 Milliarden User weltweit mit über 1,8 Milliarden Menschen, die sich jeden Tag in das Netzwerk einloggen. Die Plattform ist somit (immer noch!) das größte soziale Netzwerk dieser Erde.

10.1 Wie verhalten sich die User auf Facebook?

Die User auf Facebook verbringen 40% der Zeit im News Feed und scrollen dann minuten- oder stundenlang am Tag auf dem Handy oder Desktop und schauen sich die Neuigkeiten von Freunden und Seiten, die sie geliked haben oder auch Werbung an, die dort erscheint. Genau an dieser Stelle haben Sie das Potenzial Ihre Werbung zu schalten, die von der eigenen Zielgruppe konsumiert wird. Auf die Systematik wie Werbung geschaltet werden kann, wird noch im weiteren Verlauf dieses Buchs näher eingegangen.

Facebook hat zudem zwei weitere große Netzwerke im Laufe der Zeit aufgekauft, nämlich „Instagram" und „What's App" und zugleich einen eigenen Messenger entwickelt, den „Facebook Messenger". Vor allem Instagram ist werbetechnisch so mit Facebook verknüpft, dass auch hier leicht und schnell Werbung geschaltet werden kann.

Wenn Sie nun am Anfang Ihrer Marketing Aktivitäten stehen und sich fragen, ob Sie auf Facebook Ihre Ziele und Zielgruppen erreichen können, dann können Sie davon ausgehen, dass nahezu jede Zielgruppe auf Facebook vertreten ist.

Die aktivste und größte Zielgruppe im Moment sind die 25-34-Jährigen wie in dem folgenden Diagramm zu erkennen ist. Es sind also nicht die „ganz Alten" wie immer von den Jugendlichen vermutet wird, sondern objektiv betrachtet ist es die Generation Y. Diese Daten finden Sie übrigens ebenfalls unter dem folgenden Link: https://business.facebook.com/ads/audience-insights, wenn Sie einen Business Manager Account haben. Wenn Sie noch keinen haben, dann werden Sie im Laufe des Buches erfahren welchen Sinn dieser Business Manager hat und wieso er eingerichtet werden sollte.

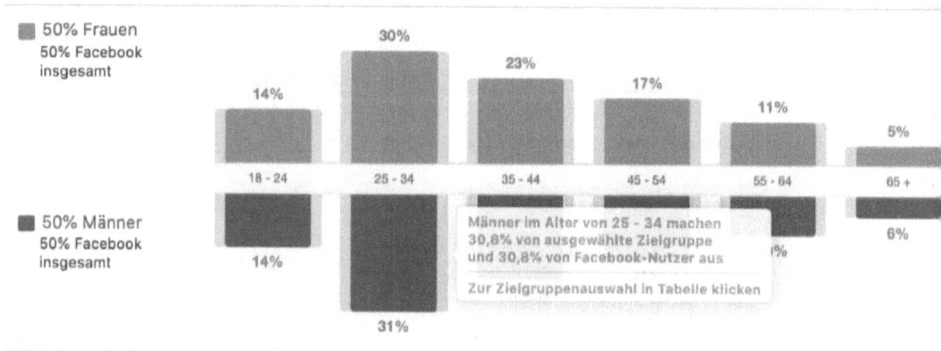

Abbildung 2: Audience Insights Facebook Deutschland

Facebook ist verglichen mit Instagram, Snapchat und TikTok tendenziell etwas älter in der demographischen Struktur, wobei auch die jungen Plattformen im Laufe der Zeit „altern". Es gibt hier kein richtig und kein falsch. Es gibt nur das individuelle Experiment. Experimentieren Sie ohne jede Voreingenommenheit, ob Sie Ihre Zielgruppe auf der Plattform erreichen, und schauen Sie was das objektive Ergebnis ist, das sich daraus ergibt. Man kann aber nicht nur nach dem Alter eingrenzen, sondern nach bestimmten Themengebieten und da liegt es an Ihnen Ihr eigenes Themengebiet zu testen.

Es ist immer besser hier seine eigenen Erfahrungen zu sammeln mit bezahltem oder unbezahltem Marketing, als allein auf Statistiken zu vertrauen. Sie können mit einem geringen Budget (z.B. mit 5-10€ am Tag) testen, ob Ihre persönliche Zielgruppe auf Facebook erreichbar ist oder nicht. Wie das möglich ist wird im weiteren Verlauf beschrieben. Fangen wir aber zunächst mit dem ersten Schritt an.

10.2 Wie erstelle ich eine Facebook Fanpage?

Zunächst einmal benötigen für Sie den Aufbau einer Facebook Fanpage eine persönliche Seite. Erstellen Sie also (falls noch nicht erfolgt) ein persönliches Konto auf www.facebook.com. Jede Facebook Seite benötigt einen persönlichen Account als Administrator und deswegen brauchen Sie zunächst dieses Konto. Wenn Sie sich bei Facebook mit Ihrem persönlichen Konto einloggen, dann sehen Sie oben rechts den Punkt „Erstellen" mit einem kleinen „Plus"-Zeichen.

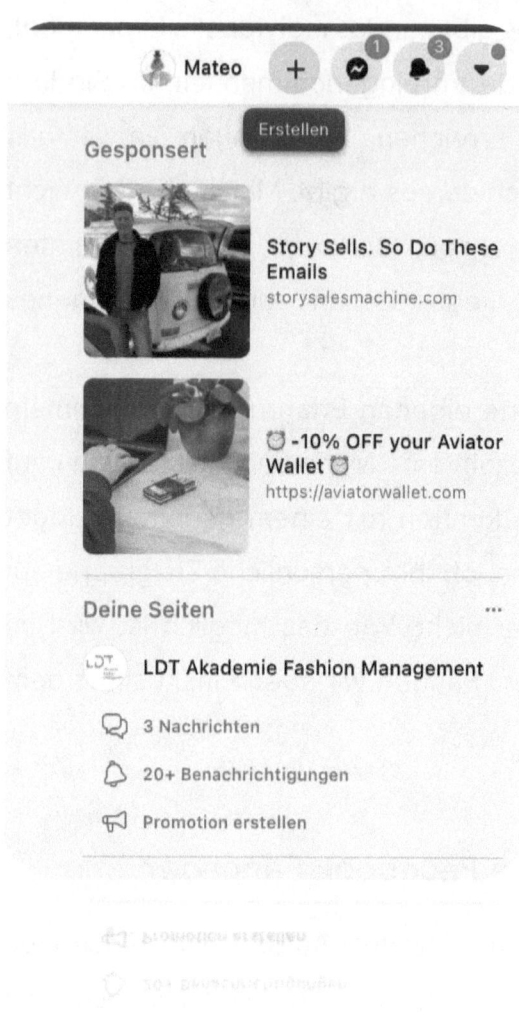

Wenn Sie danach auf „Seite" klicken, werden Sie durch den Erstellungsprozess durchgeführt. Sie entscheiden sich, ob Sie ein Unternehmen oder eine Marke haben oder eine Person des öffentlichen Lebens sind. Im stationären Handel entscheiden Sie sich für „Unternehmen".

Daraufhin geben Sie der Facebook Seite (Fanpage) einen Namen und können passende Kategorien hinzufügen. Nachdem Sie die weiteren Daten eingegeben haben, kommen Sie an den Punkt an welchem Sie das Profilbild aussuchen müssen. Hier ist es absolut zu empfehlen lediglich das Logo zu verwenden und es passend ins Profilbild einzufügen.

Das sieht erstens ästhetischer aus und zweitens wird Ihr Profilbild immer wieder ins Gedächtnis gerückt, wenn Sie mit Ihrer Fan-Page irgendwo kommentieren, da man immer unbewusst ihr Profilbild und damit das Logo wahrnimmt.

Wenn Sie ein passendes Bild einfügen möchten und nicht wissen welche Größe dort benötigt wird und wie Sie dies grafisch bewerkstelligen, dann empfiehlt sich das Online-Programm „canva.com" (CANVA).

CANVA ist ein online-basiertes Grafikprogramm, welches sehr leicht zu bedienen, selbsterklärend ist und mit welchem Sie Grafiken in verschiedensten Formen und in verschiedenen Größen für die unterschiedlichen sozialen Netzwerke erstellen können.
Damit können Sie ebenso das Facebook Titelbild passend bearbeiten, welches im nächsten Schritt der Facebook Fanpage Erstellung verlangt wird.

Hier ist es zu empfehlen ein Titelbild zu nehmen, welches Emotionen triggert und mit Ihrem Unternehmen und den Dienstleistungen oder Produkten verbunden ist. Nachdem Sie diese Schritte erledigt haben, gibt es noch fünf weitere Punkte, die Sie gleich erledigen können:

1. Sie können Ihren Benutzernamen unter dem Profilnamen und Logo direkt verändern. Damit haben Sie die Möglichkeit schneller gefunden zu werden. Mit „@IHRBENUTZERNAME" werden Sie voraussichtlich schneller gefunden.

2. Links in der Navigation werden Sie den Punkt „Info" sehen. Klicken Sie auf den Punkt und scrollen Sie in den Bereich „Bearbeiten Impressum". Dort ist es aus rechtlicher Sicht wichtig von Anfang an Ihr Impressum zu platzieren.

3. Story: Im Bereich „Info" haben Sie zudem die Möglichkeit Ihre Story zu beschreiben und sich vorzustellen. Das ist wie ein klassischer „Über Uns" Bereich. Damit bekommen neue Besucher der Seite das Gefühl Sie besser kennenzulernen. An dieser Stelle haben Sie darüber hinaus die Möglichkeit Menschen zu einer bestimmten **Handlung** aufzurufen, können hier Ihre zuvor erarbeitete **Botschaft** (siehe „Online Marketing Strategie in 5 Schritten") platzieren, können innerhalb der Story konkrete **Verlinkungen** setzen und beispielsweise schreiben „Wenn Sie schon immer nach einer Lösung in diesem Bereich gesucht haben, dann klicken Sie auf den folgenden Link ..." oder „Wenn Sie uns direkt vor Ort besuchen möchten und vorher noch eine konkrete Frage haben, dann schreiben Sie uns doch über unser Kontaktformular auf der Webseite. Klicken Sie hier: ...". Nutzen Sie den Bereich ruhig für eines Ihrer

unternehmerischen Ziele, ohne dabei zu aufdringlich zu wirken.

4. Unterhalb Ihres Titelbildes sehen Sie einen blauen Button. Sie können diesen Button mit einem bestimmten Handlungsaufruf (=Call To Action=CTA) verbinden. Nutzen Sie diese Möglichkeit, um die Besucher Ihrer Seite zu einer bestimmten Handlung zu führen. Diesen Button können Sie mit den folgenden Handlungsaufrufen verbinden.

Abbildung 3: Der blaue CTA Button rechts

1. Schritt: Welcher Button soll angezeigt werden?

Über den Button oben auf deiner Seite wird zu einer bestimmten Handlung aufgerufen. Der Button wird auf deiner Seite und in Suchergebnissen beim Aufrufen deiner Seite angezeigt. Er kann jederzeit bearbeitet werden.

Termin vereinbaren

Dich kontaktieren

Infos zu deinem Unternehmen

Bei dir einkaufen

Deine App herunterladen oder dein Spiel spielen

Abbildung 4: Die CTA Möglichkeiten

5. Als letzten Schritt ist zu empfehlen, dass Sie nach Fertigstellung der Facebook Fanpage Ihre Freunde einladen der Seite zu folgen, um damit bereits erste Fans zu bekommen und eine erste organische (nicht bezahlte) Reichweite aufzubauen. Diesen Punkt finden Sie, wenn Sie auf die drei Pünktchen (...) klicken.

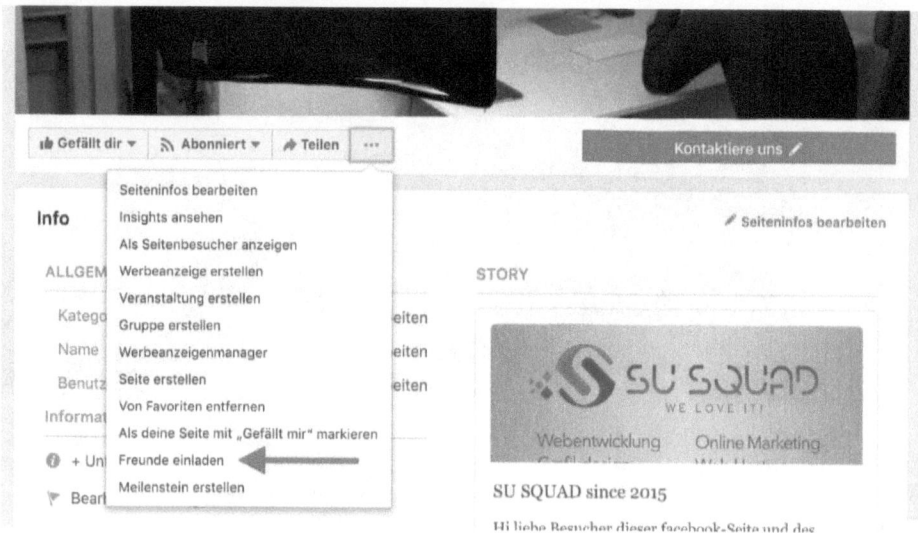

Abbildung 5: Freunde einladen bei Facebook

Worauf kommt es bei einer Facebook Fanpage besonders an?
Nachdem Sie die notwendigsten Punkte zu Beginn direkt abgearbeitet haben, klicken Sie sich auf der Seite durch, um die Bereiche etwas kennenzulernen. Klicken Sie den Reiter auf der linken Seite durch (Desktop Version), lesen Sie die Punkte und schauen Sie auch was Ihnen immer wieder angezeigt und von Facebook empfohlen wird.

Bevor es in die Hauptcontent-Formate geht ist es zunächst wichtig zu wissen was man überhaupt bei Facebook für ein Ziel verfolgen möchte und wie dieses Ziel erreicht werden soll. Schreiben Sie Ihre Strategie auf. Definieren Sie zunächst einmal die Zielgruppe, formulieren Sie Ihre Botschaften und denken Sie über die passenden Inhalte nach. Beachten Sie also die Schritte, die wir zuvor in dem Buch beschrieben haben und erst wenn diese Schritte abgehakt sind, schauen wir uns die technischen Posting-Möglichkeiten an. Erst dann können Sie nämlich gut beurteilen, ob diese Posting-Möglichkeiten zu Ihrer Strategie passen oder nicht.

10.3 Was sind die organischen Hauptcontent-Formen auf der Fanpage?

Zunächst sollte geklärt werden, was „organischer Hauptcontent" bedeutet. Führen Sie sich vor Augen, dass es bei allen Marketingaktivitäten um einen einzigen Punkt geht: **Gezielte Reichweite, die konvertiert.**

Reichweite allein bringt Ihnen nicht viel. Wichtig ist, dass auch die Menschen, welche Sie erreichen, zu Interessenten und zu Kunden werden. Diese sogenannten „Conversions" sind später, vor allem im Bereich des bezahlten Marketings, sehr wichtig und wir werden das nochmals aufgreifen.

Bei der organischen Content-Form geht es darum, dass Sie eine Reichweite rein organisch aufbauen, das heißt **unbezahlt.**

Es gibt verschiedene Möglichkeiten wie Sie Ihre organische Reichweite ohne zusätzlichen Kostenaufwand steigern. Darauf werden wir noch im weiteren Verlauf eingehen. An dieser Stelle schauen wir uns zunächst an, welcher Content im Allgemeinen bereits von Haus aus von Facebook gefördert wird, um eine bessere organische Reichweite aufzubauen. Es gibt bei Facebook viele Beitragsmöglichkeiten. Sie können Beiträge erstellen und auf Ihre Webseite verlinken, Sie können Umfragen erstellen, Sie können reinen Text posten, Sie können Videos hochladen, Bilder und vieles mehr. Jedes dieser Möglichkeiten hat in sich bereits ein gewisses Reichweiten-Potenzial.

Wenn Sie beispielsweise eine Verlinkung zu Ihrer Webseite integrieren und die Menschen von Facebook auf Ihre Webseite rein organisch bringen möchten, dann hat das per se eine geringere Reichweite als ein Facebook Video.

Warum?

Weil Facebook nicht möchte, dass Sie die Menschen von der Facebook Plattform auf eine andere Seite lenken. Facebook möchte, dass Menschen auf der Plattform bleiben. Also haben Sie mit einem Link-Beitrag von Haus aus weniger Reichweite als mit einem Facebook Video, welches die Menschen dazu anregt, länger auf der Facebook Plattform zu verweilen. Die Hauptcontent-Formen der Facebook Fanpage sind zunächst einmal all die Formate, die es einem ermöglichen eine gute organische Reichweite innerhalb der eigenen Zielgruppe aufzubauen.

Diese Content-Formate sind aktuell die Folgenden:

- Videos in Form von nativen Videos, die auf der Plattform hochgeladen werden.
- Videos in Form von LIVE Videos, die auf der Plattform übertragen werden.
- Besondere Bilder mit klarer Botschaft und zur Zielgruppe und deren Problemstellung passenden Inhalten.

Vor allem mit Videos haben Sie eine Inhaltsform, welche die beste organische Reichweite derzeit aufbauen kann.

Videos sollen zudem laut Mark Zuckerberg (Gründer von Facebook) den größten Anteil an der organischen Reichweite haben. Die Plattform Facebook wird im Jahr 2021 zwischen 85% und 90% Videoinhalte ausstreuen. Das ist logisch, wenn man bedenkt wie Videos auf die Menschen wirken und was man damit erreichen kann. Facebook möchte Inhalte ausstreuen, welche für die Menschen relevant sind und das sind nach den aktuellen Kennzahlen und Statistiken vor allem die Video-Inhalte, da diese am besten konsumiert und verinnerlicht werden. Weiterhin bleiben die User durch Videos länger auf der Plattform, wodurch wiederum die Wahrscheinlichkeit steigt, dass auf eine Werbeanzeige geklickt oder diese angeschaut wird.

Die Menschen länger auf der Plattform zu halten ist also vor allem auch ein wirtschaftliches Interesse seitens Facebook.

Videos triggern zudem die Emotionen der Menschen und wenn das Video gut gemacht ist, könnte es sich schnell viral verbreiten. Es wird also von den Usern freiwillig geteilt.

Damit es aber geteilt wird, muss es eine Emotion auslösen. Diese Emotion kann Wut, Hass, Freude, Glück, Liebe, Trauer oder Spannung sein. Es sollte in jedem Fall eine bestimmte Emotion im Fokus haben.

Neutrale Gleichgültigkeit wird nicht geteilt.

Reine Informationen werden auch nicht geteilt.

Wenn es Informationen sind im Video, dann sollten diese Informationen ein bestimmtes Problem Ihrer Zielgruppe lösen.

Nehmen wir an Sie arbeiten mit Videos. Überlegen Sie sich dann genau die folgenden Punkte vorab, bevor Sie das Video drehen:

- Wie möchten Sie das Video beginnen? Adressieren Sie direkt zu Beginn des Videos ein konkretes **Problem** Ihrer Zielgruppe und sagen Sie in den ersten 10 Sekunden, worum es im Video gehen wird und was auf die Menschen zukommt. Damit stellen Sie sicher, dass Sie von Anfang die richtigen Leute für Ihr Video filtern und wenn sich jemand angesprochen fühlt, dann wird er oder sie auch weiter dranbleiben.

- Wie könnte ein Leben der Zielgruppe ohne dieses Problem aussehen? Erzählen Sie in den nächsten 20 Sekunden davon wie das Leben jetzt aussieht und wie es dann aussieht, wenn das Problem aus der Welt ist. Oder erzählen Sie wie die Zielgruppe sich fühlen könnte.

- Wie können Sie dieses Problem lösen? Welche Lösung bieten Sie an? Ist es die Beratung im Laden? Ist es eine bestimmte Vermessung im Laden? Ist es ein anderes System was Sie haben? Ist es Ihr langjähriges Wissen? Beschreiben Sie Ihre individuelle Lösungsweise, die Ihrer Zielgruppe helfen kann (zum Beispiel eine ausführliche, kostenfreie Beratung zum Thema „Schadstoffe in Klamotten" oder zu anderen Themen)

- Haben Sie bereits das Problem bei anderen Personen gelöst? Benennen Sie Fallbeispiele von früheren Kunden, denen Sie helfen konnten bei bestimmten Themen. Zum Beispiel sind Sie ein Herrenausstatter. Dann haben Sie sicherlich vielen Personen bereits geholfen das passende Outfit zu finden für den Abiball usw. Auch wenn es zunächst banal klingt, aber reden Sie genau über diese Geschichten wie beispielsweise ein Abiturient zu Ihnen kam, nicht wusste was er anziehen soll, dann haben Sie oder Ihre Mitarbeiter ihn vermessen, die richtigen Outfitkombinationen zusammengestellt und das perfekte Outfit in Absprache mit dem Kunden gefunden. Sie haben ein Problem gelöst mit Ihrer Expertise und mit Ihren Produkten. Reden Sie darüber im Video!

- Was möchten Sie am Ende des Videos den Leuten mit auf den Weg geben und welche Handlungsaufforderung möchten Sie einbauen? Beenden Sie das Video damit, dass die Leute etwas Konkretes tun sollen (auf die Webseite klicken, einen Termin mit Ihnen im Laden vereinbaren, sich in Ihren Newsletter eintragen usw.)

Achten Sie auf diese systematische Vorgehensweise, damit die Zuschauer möglichst lange dranbleiben beim Video.

Eine weitere Videoform, die sehr beliebt ist und momentan höhere organische Reichweiten erhält als andere Content Formen auf Facebook, ist das LIVE Video.

LIVE Videos sind die sozialste Form des Online Marketings und das möchte Facebook ebenfalls belohnen. Wieso ist es die sozialste Form?

Ganz einfach, weil es den Menschen in dem Moment so zeigt wie er ist mit all seinen verschiedenen Facetten, die man in einem LIVE Video bestmöglich sehen kann.

Aus dem Grund haben noch viele etwas Hemmungen ein LIVE Video zu kreieren, weil sie dann denken, dass sie sich eventuell verhaspeln. Dafür werden sie dann von den Zuschauern in Form von negativen Kommentaren verurteilt – so zumindest die Befürchtung, die durchaus eintreten kann, aber in den seltensten Fällen tatsächlich eintritt. Das ist genauso ausgeprägt wie die Angst davor eine Rede durchzuführen. Fakt ist, dass man sich darüber keine Sorgen machen darf genauso wie bei einer Rede, da man nicht für die Gefühlswelt eines anderen verantwortlich sein kann. Wenn man alles nach bestem Wissen und Gewissen macht und sich Mühe gibt und es immer noch Leute nicht gut finden, dann darf man das nicht persönlich nehmen. Konstruktive Kritik ist immer etwas Gutes, aber wenn es destruktiv wird und jemandem einfach ihre Nase nicht gefällt, dann ist es ebenso und genau davon darf man sich nicht irritieren lassen, doch ich denke das ist ein Thema für ein anderes Buch.

Die Psychologie hinter dem Social Media Marketing ist in jedem Fall sehr spannend und ich denke, dass viele heutzutage effektives Social Media Marketing nicht betreiben können und wollen, weil sie einfach Angst davor haben.
Wenn man LIVE Videos oder Stories macht, dann muss man aus seiner Komfortzone raus und es tun! Wenn man nur Angst davor hat, dann wird man es niemals tun und damit verpasst man die Chance gesehen zu werden und sein Ziel und die Zielgruppe in den sozialen Medien zu erreichen.
Testen Sie es also aus! Trauen Sie sich!

Zudem kommt hinzu: In dem Moment der LIVE Aufnahme wird nur ein Bruchteil Ihrer Fans als Zuschauer da sein. Wenn Sie eine Fanpage mit ein paar Hundert Fans haben, dann wird es so sein, dass eine Handvoll Personen zuschauen werden.
Die meisten werden das Video im ersten Moment nicht sehen. Sie werden wahrscheinlich irritiert sein, wenn Ihnen 0 Personen angezeigt werden oder nur 2-3 Personen, die zuschauen. Wenn Sie das Video aber nach Ihrem LIVE-Gang als Beitrag veröffentlichen, dann werden die meisten Personen das Video in den 24 Stunden **danach** betrachten.

Aus dem Grund ist es extrem wichtig, dass Sie von Anfang an in Ihrem LIVE Video ein Konzept haben und von der ersten Sekunde an mit diesem Konzept loslegen.

Das bedeutet: Sie fangen mit der Einleitung an (worum wird es in der LIVE Aufnahme gehen), dann gehen Sie auf den Hauptteil über und beenden das gesamte Video mit einem Handlungsaufruf (CTA). In dieser gesamten Zeit lassen Sie sich nicht von der Zahl der Zuschauer beirren, auch wenn 0 Zuschauer da sind. Sie reden dann in dem Moment quasi mit sich selbst, aber wenn Sie an die 24 Stunden danach denken, dann werden es die meisten Personen im Nachgang sehen und diese Personen werden von der ersten Sekunde an mit Ihrer Einleitung, dem Hauptteil und dem Schluss ins Video gezogen.

Denken Sie daran: LIVE Videos haben eine gute Reichweite und sie sind die sozialste Form der Interaktion. Das wird von Facebook belohnt und ebenso Ihr Mut. Nutzen Sie es.

Premiere Video: Bei der Video Premiere Funktion haben Sie die Möglichkeit den Effekt eines LIVE Videos mit einem regulären Video zu verbinden. Sie laden ein bereits fertig gedrehtes Video hoch, planen es als Premiere Video für kommenden Freitag beispielsweise und es wird anschließend an diesem geplanten Freitag als LIVE Video ausgestrahlt. Es ist das reguläre Video zu sehen, aber der LIVE Ticker läuft und die Personen haben die Möglichkeit in dem Moment mit Ihnen direkt in Kommunikation zu treten. Wichtig wäre, dass Sie dann ebenfalls an dem Datum ein

Teil der Premiere sind und mit den Menschen, die Fragen haben, in Interaktion treten.

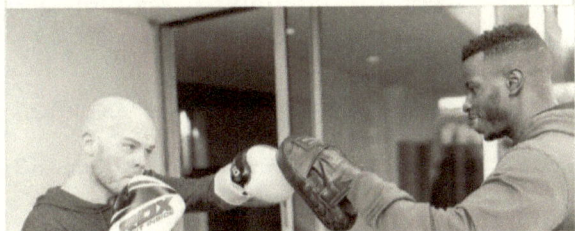

Bilder mit Value-Texten: Bei den Bildern mit längeren, informativen Texten, welche Mehrwert (Value) bieten, haben Sie einen großen Vorteil:

Sie können ähnlich wie bei einem Video eine positive und tiefere Beziehung mit Ihrer Zielgruppe aufbauen. Ein Facebook User „Scott Oldford" (siehe links), baut seine Beziehung stark mit langen, tiefgründigen Texten auf. Es kommt dabei aber vor allem darauf an, dass die Texte gutgeschrieben sind, Absätze haben, leicht zu lesen sind und dem User selbst einen Benefit und Mehrwert beim Lesen geben.

Die Zielgruppe sollte sich bei diesem Beitrag wiedererkennen und nach dem Lesen einen Mehrwert für ihr Leben mitnehmen. Wenn das immer im Hinterkopf behalten wird, dann werden Sie automatisch gutes Social Media Marketing betreiben.

Denken Sie immer daran und fragen Sie sich: Wieso gehen die Menschen in die sozialen Medien? Was genau machen Sie dort? Was erwarten sie von den sozialen Medien? Woran haben sie Spaß und was missfällt ihnen?

Je mehr Antworten sie darauf haben und das Verhalten Ihrer Zielgruppe in den sozialen Medien verstehen, desto eher werden Sie Ihr Online Marketing optimieren können, egal ob es Facebook, Instagram, TikTok, Pinterest oder sonst eine andere Plattform ist. Die Basis all Ihres Handelns ist es dabei die Beziehung zu den Menschen persönlich auf- und auszubauen. Bringen Sie Ihre Persönlichkeit rein. Springen Sie über Ihren Schatten. Nehmen Sie das Handy in die Hand und drehen Sie ein kurzes Video von sich. Sie werden dabei immer besser und besser werden. Oder nehmen Sie ein Foto auf und schreiben Sie dazu entsprechende Texte, die eine Beziehung aufbauen sollen.

Es geht im ersten Schritt nicht darum einfach nur zu verkaufen, sondern es geht darum Sympathie und später das Vertrauen aufzubauen. Das wird erst in der weiteren Zukunft belohnt.

Wenn es um das Thema „Qualität der Videos" geht, dann machen Sie sich keine Sorgen. Sie können das Video mit nahezu jeder Spiegelreflexkamera oder dem Handy drehen. Wichtig ist, dass es eine Story hat und nur sekundär wichtig ist es, dass es technisch qualitativ ist. Die Inhalte sind dabei also primär.

Überlegen Sie sich also, was Sie zu sagen haben und sagen Sie es!

Technische Hilfsmittel, mit welchen Sie Videos gut bearbeiten können (schneiden, Musik unterlegen, Effekte einbauen etc.) sind unter anderem Folgende:

- Videoshop
- Mojo
- CapCut
- Adobe Premiere Rush

Schauen Sie sich diese Video-Tools mal im Internet sowie die dazugehörigen Rezensionen an und entschieden Sie, welches Tool für Ihren Bedarf am besten geeignet ist. Manchmal reicht auch nur iMovie, um Kleinigkeiten zu schneiden (wenn Sie ein iPhone besitzen).

Hinweis: Vor allem native Inhalte/Videos sollten gepostet werden. Das gilt sowohl bei Facebook als auch auf allen anderen Plattformen. Native Videos sind Videos, die Sie direkt auf der eigenen Plattform hochladen. Sie nutzen also die integrierte Video-Upload Plattform-Funktion.

Das bedeutet: Wenn Sie zum Beispiel ein YouTube Video haben, dann macht es wenig Sinn, wenn Sie dieses Video auf Facebook teilen (den Link von YouTube teilen).

Viel besser ist es, wenn Sie die Facebook-eigene Funktion nutzen, das Video direkt auf Facebook hochladen und dort verbreiten.

Daran hat jede Seite ihr Interesse, denn es steigert die Wahrscheinlichkeit, dass der User länger auf der Plattform bleibt. Wenn Sie einfach das YouTube Video auf Facebook teilen, dann entsteht das Risiko für Facebook, dass der User darauf klickt, auf YouTube wechselt und dort seine Zeit verbringt. Das möchte Facebook natürlich nicht. Denken Sie also immer bei der Nutzung der Plattformen daran, dass Sie die Technik der jeweiligen Plattform nutzen.

Wieso ist das überhaupt für ein Risiko?

Je länger ein User auf der eigenen Plattform bleibt, desto eher steigt die Wahrscheinlichkeit, dass er oder sie auf eine Werbeanzeige klickt und damit verdient die Plattform Geld. Wenn Sie also ein YouTube-Video in Facebook einbetten, der User dann auf YouTube wechselt und dort eine Anzeige anklickt, dann verdient YouTube das Geld und nicht Facebook. Das ist der Grund wieso jede Plattform das primäre Interesse hat, dass die User die eigenen Funktionen nutzen. Achten Sie auf diesen Faktor und Sie werden mit besseren Reichweiten belohnt.

10.4 Wie oft sollte gepostet werden?

Wie oft gepostet wird, ist immer noch hoch umstritten. Es macht Sinn regelmäßig zu posten. Dabei sind die Quantität und Qualität sehr wichtig. Immens wichtig ist immer **was** sie posten und wie die Menschen darauf reagieren. Das ist wichtiger als die Quantität. Sie werden zwar vom Algorithmus bevorzugt, wenn die Plattform merkt, dass sie regelmäßig Inhalte hochladen, doch wenn die Menschen darauf negativ reagieren, beispielsweise in Form von Dislikes, negativen Kommentaren oder dem Verbergen Ihrer Inhalte, dann wird trotz hoher Regelmäßigkeit kaum Inhalt mehr bei Ihren Usern ankommen. Die Plattform schützt sich damit selbst, denn es möchte keine schlechten Inhalte präsentieren. Hier ist wiederum das primäre Ziel der Plattform, dass die Menschen länger auf der Plattform bleiben.

Wenn Sie schlechte Inhalte liefern, dann könnte das Ihre User vergraulen und da greift Facebook zum Beispiel (aber auch die anderen Plattformen) selbst ein und zeigt Ihre Inhalte immer weniger Personen.

Wenn Sie hingegen gute Inhalte posten und die Menschen es mögen, dann ist eine hohe Regelmäßigkeit von Nutzen. Bei Facebook wären das sicher vier bis fünf Mal die Woche.

Sie können sich auch immer an den Kanälen von dem Online Marketing Profi „GaryVee" (Auf Facebook: Gary Vaynerchuk) ausrichten. Er produziert etwa 100 Inhalte jeden Tag (!) für seine Plattformen und sagt, dass es ein „zu viel" nicht gibt! Diese 100 Inhalte sind auf alle seine Kanäle ausgerichtet, aber er meint, dass hier noch mehr gehen könnte.

Wenn Sie schauen wie viel er momentan auf Facebook (und Instagram und Co.) hochlädt, dann haben Sie das Optimum vor Augen, denn er ist hier immer einen Schritt voraus.

Hinweis: Ihm ist das auch nur möglich, weil er ein riesiges Team an Social Media Experten bei sich hat, die jeden Tag diese Inhalte produzieren. Es ist utopisch zu denken, dass man das mit einem kleinen Team als Händler in der Form nachmachen könnte. GaryVee dient lediglich als Inspirationsquelle und Benchmark.

Fazit: Posten Sie so oft es geht. Wenn Sie denken Sie haben was Wichtiges und Wertvolles auch 3x am Tag zu sagen, dann stellen Sie diesen Inhalt ebenfalls Online auf Facebook. Ein „zu viel" werden Sie schon automatisch merken, wenn Sie sehen, dass die Reichweite immer mehr und mehr sinken sollte. Dann können Sie wieder etwas reduzieren und so passen Sie Ihre Frequenz nach und nach selbst an.

10.5 Was sollte gepostet werden?

Für Facebook haben Sie ja bereits oben gelesen, dass es Sinn macht die Videos in Angriff zu nehmen.

Fokussieren Sie sich auf Facebook LIVE, die Videos, Bilder mit Mehrwert und Sie werden sehen, dass Menschen darauf reagieren. Bauen Sie diese Beziehungen aus, indem Sie zurückreagieren, auf die Kommentare antworten, in Interaktion treten mit Ihrer Zielgruppe und so Ihre Marke aufbauen.

Eine Marke wird dadurch aufgebaut, dass Sie immer wieder dieselben Botschaften an dieselbe Zielgruppe vermitteln und so ein Vertrauen entsteht.

10.6 Wann sollte gepostet werden?

Die Uhrzeit war mal wichtiger, als es heute der Fall ist.

In jedem Fall spielt es immer noch eine kleine Rolle, auch wenn der Algorithmus heutzutage Inhalte für Ihre Zuschauer/Fans **reserviert**. Das bedeutet: Sie posten heute einen Inhalt, den Sie für Ihre Fans relevant finden. Facebook wird diesen Inhalt den ersten Menschen anzeigen. Wenn Facebook nun merkt, dass eine/r Ihrer Fans gerade nicht online ist, aber für diesen Fan wäre dieser Inhalt besonders relevant, dann wird Facebook Ihren Inhalt so lange „reservieren" bis dieser Fan Online geht und dann sieht er oder sie es.

Das kennen Sie sicher auch von sich selbst. Wenn Sie auf Facebook gehen, sehen Sie nicht mehr die Inhalte chronologisch nach Uhrzeit geordnet, sondern Sie sehen beim Scrollen beispielsweise einen Inhalt, der vor 3 Stunden gepostet wurde, dann einen Inhalt vor 3 Minuten, dann plötzlich einen Inhalt vor 4 Tagen, dann einen Inhalt vor 2 Stunden.

Facebook legt also Wert darauf, nicht (nur) nach Uhrzeit zu sortieren, sondern vor allen Dingen nach **RELEVANZ**. Je relevanter also Ihr Inhalt für Ihre Zielgruppe ist, desto eher wird Facebook diesen Inhalt reservieren und abwarten bis bestimmte Fans sich anmelden, damit diese den Inhalt sehen können und nicht verpassen.

Der Facebook Algorithmus ist so etwas wie ein Türsteher. Sie posten etwas und bevor es allen Menschen wahllos angezeigt wird, checkt Facebook diesen und überlegt sich, ob er „reinkommt" oder nicht. Das „reinkommen" in dem Fall ist das „gesehen werden" von Ihren Fans.

Wie viele Menschen Sie also erreichen, hängt also stark vom Algorithmus ab und weniger von der Uhrzeit, wobei es immer noch besser ist früh morgens gegen 9 oder abends nach 20 Uhr zu posten, weil da die meisten Menschen aktiv sind. Da ist dann zumindest die Wahrscheinlichkeit größer, dass es initial mehr Menschen sehen, als wenn Sie es mitten in der Nacht posten.

10.7 Wie viele Menschen erreiche ich mit meinen Facebook Beiträgen?

Die organische (die unbezahlte) initiale Reichweite bei Facebook liegt im Durchschnitt bei den Beiträgen bei etwa 1% (laut Facebook Angaben).

Das bedeutet: 1 von 100 Fans wird Ihren Beitrag initial sehen und dieser Beitrag wird 99 Personen überhaupt nicht eingeblendet.

Mit der Kreativität Ihrer Beiträge haben Sie aber die Chance diese durchschnittliche Reichweite zu erhöhen. Sie müssen dabei bedenken, wie Sie die Emotionen Ihrer Zielgruppe triggern und sich überlegen wieso Ihre Zielgruppe das Video/den Beitrag teilen würde. Wenn Sie eine kreative Antwort darauf gefunden haben, dann setzen Sie es um.

Der Facebook Algorithmus hat sich in den letzten Jahren sehr stark verändert. Für viele Facebook Seitenbetreiber ist es mittlerweile schwieriger geworden, eine hohe organische (nicht bezahlte) Reichweite mit ihren Posts aufzubauen.

Wovon hängt die organische Reichweite also ab?

Sie hängt maßgeblich davon ab wie hoch die **Interaktionsrate** der User mit der eigenen Facebook Fanpage und wie **relevant** Ihr Beitrag ist. Je stärker die Fans mit dem Inhalt interagieren, in Form von Likes, Kommentaren (und Debatten in den Kommentaren/ganze Dialoge), Shares (Teilen des Inhalts) und Klicks auf den Beitrag, desto höher wird die organische Reichweite sein. Je relevanter und passender Ihr Beitrag ist, desto höher wird automatisch die Interaktionsrate sein.

Vor allem die Interaktionsrate zu Beginn eines Posts ist wichtig. Wenn die User sofort mit dem Inhalt interagieren, so bewertet der Facebook Algorithmus diesen Inhalt als sehr werthaltig und „öffnet" damit die Tore für mehr Reichweite. Wenn die Reichweite vorher bei 1% lag, so kann diese durch die hohe Interaktionsrate des Posts und der Seite im Allgemeinen weiter gesteigert und auf 3-10% erhöht werden. Voraussetzung dafür ist allerdings ein guter **Content** (Inhalt), der auf die Zielgruppe angepasst ist.

Die Interaktionsrate kann weiterhin durch die beschriebenen, **nativen Inhalte** auf der Seite beeinflusst werden.

Bilder, die direkt auf Facebook hochgeladen werden, werden besser verbreitet. Videos, die direkt auf Facebook hochgeladen werden, werden besser verbreitet.

Facebook LIVE wird gut verbreitet.

Die Kernaussage hierbei ist: Je mehr Sie die Facebook-eigenen Funktionen nutzen, desto höher wird die Reichweite der eigenen Facebook-Seite sein.

Mehr organische Reichweite kann zudem durch die folgenden inhaltlichen Möglichkeiten erzielt werden:

- **Freebies** (kostenfreie Dienstleistungen, eBooks oder Waren, die dem User angeboten werden)
- **Gewinnspiele**
- **Relevanter Content, der zur eigenen Zielgruppe passt**
- **Call-To-Action Aufrufe in die Posts einbauen und die User zur Handlung (Interaktion) intelligent auffordern**
- **Bedeutungsvolle, soziale Interaktionen (die Menschen diskutieren miteinander in den Kommentarfeldern und bauen Gespräche auf → das führt zu höherer Reichweite)**

Diese vier genannten Möglichkeiten beziehen sich auf den Free Traffic, den Sie darüber auf Ihre Facebook-Seite und im zweiten Schritt auf Ihre Webseite lenken können.

Die nächste und vor allem effektivere und schnellere Möglichkeit Traffic über Facebook zu generieren, ist durch bezahlte Werbung auf Facebook. Darauf wird im nächsten Kapitel näher eingegangen.

10.8 Wie gehe ich mit bezahltem Marketing auf Facebook um?

Bezahltes Facebook Marketing macht sich tatsächlich bezahlt, sofern man richtig vorgeht. Facebook Werbeanzeigen sind nämlich günstig, machen Spaß und sind leicht umzusetzen.

Wenn man sich nicht damit beschäftigt, dann schreckt die Fülle an Möglichkeiten zunächst einmal ab, jedoch sollten diese Möglichkeiten in Erwägung gezogen und getestet werden, da sie sehr effektiv sind.

Die Facebook Anzeigen werden (im besten Fall) direkt über den Facebook Werbeanzeigenmanager umgesetzt. Sie können auch direkt von der Facebook Fan-Page (Unternehmensseite) die Beiträge hervorheben, das macht jedoch aus mehreren Gründen weniger Sinn. Hauptsächliches Manko dabei ist, dass sie kein granulares Marketing betreiben und die Fülle an Möglichkeiten, die wichtig wirklich sind in der Testphase einer Anzeige, nicht gezielt ausschöpfen können.

Zunächst sollten Sie sich beim „Facebook Business Manager" (business.facebook.com) registrieren und Ihre Facebook Fan Page damit verknüpfen. Sie können darüber leichter in dem Werbeanzeigenmanager von Facebook arbeiten.

Im Werbeanzeigenmanager haben Sie die Möglichkeit eine bezahlte Werbeanzeige zu schalten, die Ihrer ausgewählten Zielgruppe angezeigt wird.

Die Zielgruppe können Sie anhand verschiedener Daten eingrenzen. Sie können den **Ort** auswählen, in welchem die Anzeige geschaltet werden soll, das **Alter** der Personen, das **Geschlecht**, die **Interessen**, die **Geräte**, auf denen Ihre Werbung angezeigt werden soll, Ihr eingesetztes Budget und vieles mehr. Sie wählen auch innerhalb des Facebook Business Managers aus, wo Sie Ihre Werbung platzieren möchten, also auf Facebook im Facebook News Feed oder auf Instagram in den Stories oder womöglich im Facebook Messenger oder Marketplace. Diese Platzierung suchen Sie einfach innerhalb der Anzeigengruppen-Ebene während der Gestaltung Ihrer Werbeanzeige aus. **Über den Facebook Business Manager wird also auch die Instagram Werbung gesteuert.**

Sie können weiterhin überlegen, welche Form von Werbeanzeigen Sie schalten möchten. Sie haben die Möglichkeit ein Bild hochzuladen und dazu einen passenden Text zu schreiben, Sie haben die Möglichkeit mehrere Bilder aneinandergereiht zu präsentieren (das ist sinnvoll, wenn Sie verschiedene Produkte oder verschiedene Varianten/Farben eines Produkts haben, welches Sie verkaufen möchten), Sie haben die Möglichkeit ein Werbevideo hochzuladen und können dies alles mit entsprechenden Verlinkungen zu Ihrer Webseite versehen.

Wenn die Werbeanzeige erstellt ist und verbindlich bestellt wurde, dann wird diese Anzeige in dem News Feed derjenigen Zielgruppe angezeigt, die man vorher über den Werbeanzeigenmanager ausgewählt hat.

Im Business Manager haben Sie grundsätzlich einen guten Überblick über die Steuerung Ihrer Werbekampagnen. Im folgenden Screenshot sehen Sie einen kleinen Überblick darüber. Sie haben Planungstools, um Ihre Werbeanzeige zu planen, Entwürfe zu speichern und Ihre Zielgruppe zu recherchieren.
Sie können die Werbeanzeigen direkt umsetzen und verwalten, können diese messen und sich anschließend überlegen, wie Sie die Werbeanzeigen weiterhin ausbauen möchten.

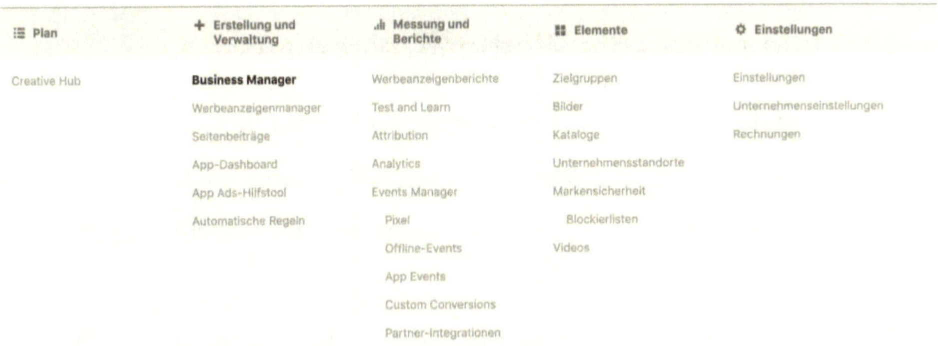
Plan
Creative Hub
Erstellung und Verwaltung
Business Manager
Werbeanzeigenmanager
Seitenbeiträge
App-Dashboard
App Ads-Hilfstool
Automatische Regeln
Messung und Berichte
Werbeanzeigenberichte
Test and Learn
Attribution
Analytics
Events Manager
Pixel
Offline-Events
App Events
Custom Conversions
Partner-Integrationen
Elemente
Zielgruppen
Bilder
Kataloge
Unternehmensstandorte
Markensicherheit
Blockierlisten
Videos
Einstellungen
Einstellungen
Unternehmenseinstellungen
Rechnungen

Das Design dieser Übersicht ändert sich immer mal wieder. So sieht es im Jahr 2021 wieder anders aus, jedoch sind die Navigationspunkte geblieben oder haben sich noch erweitert.
Neben Ihren sonstigen Einstellungen finden Sie auch noch einige weitere Elemente wie Ihre Zielgruppen, die Sie abspeichern und bearbeiten können sowie Ihre Produktkataloge, die Sie hier pflegen können, um diese später gezielter zu bewerben.
Verschaffen Sie sich einen Überblick über den Business Manager nach der Anmeldung und klicken Sie alle Punkte durch. Wenn Sie den Business Manager mit mir gemeinsam kennenlernen möchten, dann biete ich Ihnen unser Aufbauseminar an, welches regelmäßig stattfindet. In diesem Aufbauseminar gehen wir auf die Themen

„Business Manager", „Werbeanzeigen", „Funnelsystem" uvm. mehr ein und erstellen gemeinsam Schritt für Schritt eine Werbeanzeige. Dieses Seminar findet online statt und hat eine Dauer von 3 Stunden. Bitte erfragen Sie den Preis und die Termine beim Veranstalter und Geschäftspartner von mir unter www.studiowerbung.de. Ich würde mich freuen Sie bald in einem Seminar/Webinar persönlich begrüßen zu dürfen.

10.9 Wie sollten die Werbeanzeigen aussehen?

Grundsätzlich sollten diese Anzeigen immer visuell schön und textlich sinnvoll sein, damit es die Zielgruppe versteht und die gewünschte Handlung ausführt, wie zum Beispiel den Kauf eines Produkts.

Die effektivsten Möglichkeiten einer Werbeanzeige sind im Moment das „Video Ad Format" sowie prägnante und „aussagekräftige Bilder" mit einem passenden Text.

Dabei sollte immer darauf geachtet werden, dass die Botschaft der Werbung zum möglichst richtigen Zeitpunkt am richtigen Ort und an die richtige Zielgruppe vermittelt wird.

Der größte Fehler, den Sie bei einer Werbung machen können, ist die falsche Zielgruppe mit der falschen Botschaft zum falschen Zeitpunkt anzusprechen.

Hier kommt das sogenannten Funnelsystem (Trichtersystem) ins Spiel, auf welches wir im späteren Verlauf eingehen werden.

Wenn Sie ein gutes Video drehen, welches relevanten Inhalt vermittelt, authentisch ist und Ihr Unternehmen repräsentiert, dann können Sie mit diesen Anzeigen die besten Konversionsraten (Verkaufsraten) erzielen und vor allem den besten Kundenbindungsaufbau.

Die Videos haben den Vorteil, dass sie Emotionen effektiv vermitteln können, angeschaut werden und länger im Kopf bleiben als reine Fotos oder Texte.

Ein gut gemachtes Video, welches emotional ist (das bedeutet Emotionen beim User auslöst und entweder lustig, traurig, lehrreich, kontrovers oder nachdenklich ist) kann auch zu einem viralen Video werden, was sich dann per se „von alleine" teilt. Von allein bedeutet in dem Fall, dass es von anderen Personen innerhalb ihres Freundeskreises geteilt und verbreitet wird.

Videos müssen dabei keine große Menge an Geld kosten. Videos können auch einfach mit dem Handy aufgenommen und hochgeladen werden. Facebook Live Videos können übertragen und anschließend beworben werden.

Es kommt vielmehr auf die Qualität der Story als auf die Professionalität des Equipments an, wenn man mit Videos Erfolg haben möchte. Hier sind Ihre kreativen Einfälle gefragt, wie Sie Videos einsetzen, anschließend bewerben und dann an Ihre Zielgruppe aussteuern, um Ihre zuvor definierten Ziele zu erreichen.

Denken Sie bei Videos aber immer an die zuvor beschriebene Struktur des Videos, um die passende Zielgruppe anzusprechen und Ihnen Lust zu machen das Video zu Ende anzuschauen.

Die zweite Möglichkeit sind aussagekräftige Bilder mit erklärenden und mehrwerthaltigen Texten.

Im Endeffekt kommt es bei jeder Werbeanzeige auf drei wesentliche Punkte an, die beachtet werden müssen:

- Die Botschaft
- Der kreative Part (Bild/Video)
- Das Angebot

Egal ob Sie also Video oder Fotos im Einsatz haben. Machen Sie sich darüber Gedanken was Sie den Menschen anbieten können, was so attraktiv ist, dass die potenziellen Kunden kaum Nein sagen können. Verknüpfen Sie das Angebot mit einer klaren Botschaft und kreativem Inhalt und Sie sind gut gewappnet für die Werbeanzeigen.

Es kommt nicht darauf an, dass die Werbung sich sofort profitabel auszahlt. Wenn Sie auf 0 rauskommen ist das ein voller Erfolg. Wieso? Weil sie unter Umständen einen Kunden für die Ewigkeit erhalten. Diesen Kunden müssen sie dann nicht jedes Mal neu entdecken in den sozialen Medien. Wenn Sie diesen Kunden binden und er jedes Jahr bei Ihnen einkauft, dann amortisiert sich die Investition der Werbung über eine längere Laufzeit hinweg und Sie sind langfristig profitabel.

„Sie säen den Samen in den sozialen Medien. Danach kommt es auf die Pflege an."

10.10 Die Entwicklung der ersten Werbeanzeige

Sie haben die Möglichkeit über Facebook eine automatisierte Werbemaschine aufzubauen, die es einem ermöglicht auf Knopfdruck neue Interessenten und damit potenzielle Kunden zu gewinnen.

Wie genau erfolgt das?
Sie erstellen Ihr Unternehmenskonto unter business.facebook.com und melden sich dort an. In den Unternehmenseinstellungen des Business Managers fügen Sie die Seiten hinzu, die Sie betreuen (Ihre Fanpage), erstellen ein Werbekonto und fügen die Menschen hinzu, die damit arbeiten sollen in der Zukunft (Rollenverteilung). Dann kann es bereits losgehen.

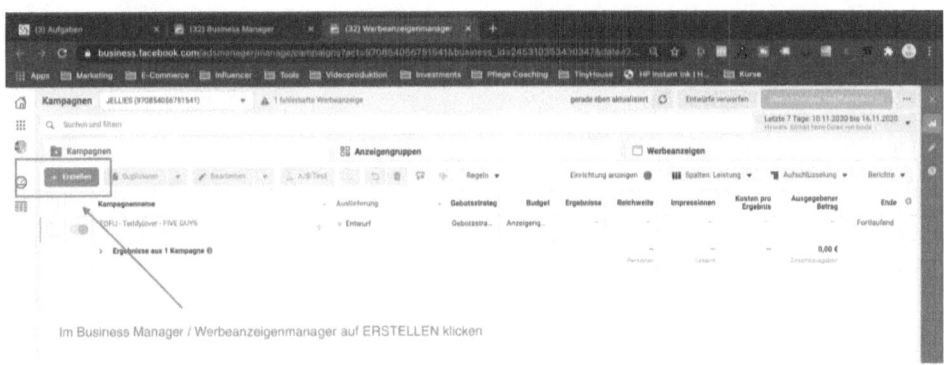

Abbildung 6: Werbeanzeigenmanager Werbung erstellen

Sie klicken im Werbeanzeigenmanager (egal ob Video-, Foto- oder Textwerbeanzeige) auf „Erstellen" und dürfen sich dann bereits im

109

nächsten Schritt ein Ziel aussuchen, bei welchem Sie Facebook unterstützen soll.

Diesen Werbeanzeigenmanager nutzen Sie also, um das Kampagnenziel festzulegen, die Anzeigengruppe zu bestimmen und die Werbeanzeige zu gestalten.

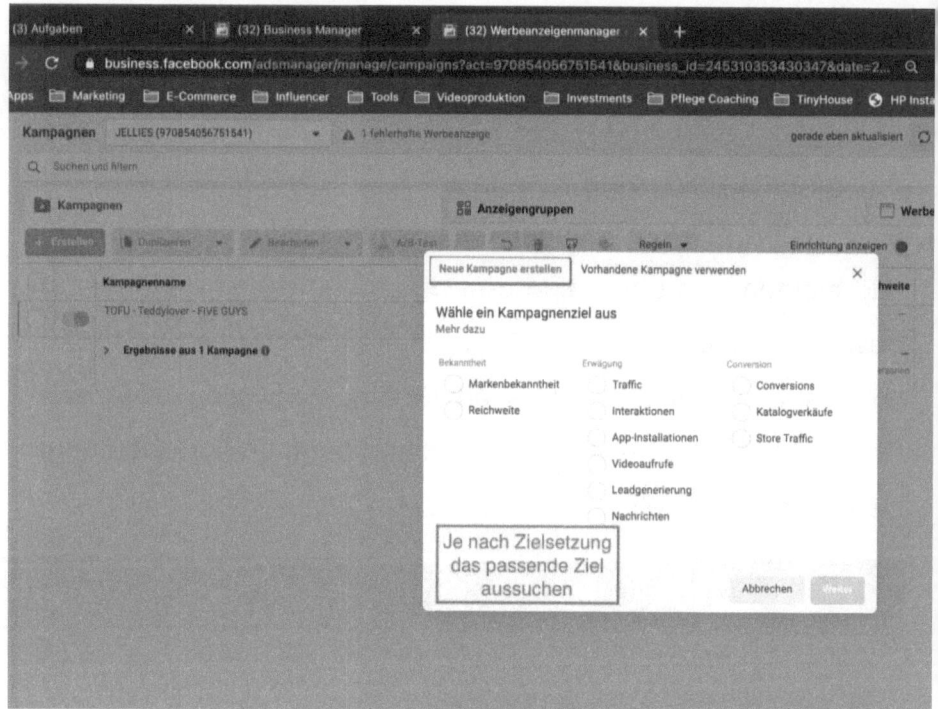

Abbildung 7: Kampagnenziel auswählen

Was bedeuten diese Ziele?

Markenbekanntheit: Für große Brands und Unternehmen geeignet, die bspw. neben TV-Buchungen auch auf Facebook die Markenbekanntheit erhöhen und den sogenannten Ad Recall steigern möchten.

Reichweite: Ermöglicht es, Anzeigen an so viele Personen wie möglich mit individuellen Frequenzwerten ausliefern zu lassen (z. B. einmal alle fünf Tage).

Traffic: Eignet sich dazu, Personen zu einem Ziel innerhalb oder außerhalb von Facebook zu leiten. Ein Ziel innerhalb von Facebook kann der Messenger und außerhalb einer Webseite oder App sein.

Interaktionen: Eignet sich, um mehr Interaktionen mit Beiträgen deiner Facebook- oder Instagram-Seite zu erhalten, mehr Fans für eine Facebook-Seite zu gewinnen oder mehr Veranstaltungszusagen zu generieren.

App-Installationen: Mit diesem Ziel können die Downloads bzw. Installationen einer App (z. B. im iTunes oder Google Play Store) gesteigert werden.

Videoaufrufe: Ermöglicht es, mehr Aufrufe für ein auf Facebook hochgeladenes Video zu erhalten.

Lead-Generierung: Mit diesem Ziel können Werbetreibende mehr Leads (z. B. Newsletter-Abonnenten) mit speziell für diesen Zweck bei Facebook erstellten Formularen generieren. Bei diesem Kampagnenziel wird keine externe Webseite für die Generierung von Leads benötigt, da das Eintragungsformular bei Facebook erstellt wird.

Nachrichten: Dieses Ziel sorgt dafür, dass im Messenger mehr Unterhaltungen mit dem eigenen Unternehmen geführt werden. Sinnvoll ist der Einsatz dieses Kampagnenziels insbesondere für lokale Unternehmen mit kleineren Reichweiten (und entsprechend geringerem Nachrichtenaufkommen) oder für Werbetreibende, die Chatbots für die automatisierte Beantwortung der Anfragen im Einsatz haben. (**Update Ende 2020:** Dieses Ziel ist nicht mehr in Europa verfügbar – Man kann es zwar noch anklicken, aber dann erhält man eine Fehlermeldung und Sie können die Werbung nicht weiter bearbeiten).

Conversions: Dieses Ziel sorgt dafür, dass durch die Werbeanzeigen solche Personen auf Facebook angesprochen werden, die mit einer höheren Wahrscheinlichkeit eine gewünschte Handlung auf deiner Webseite oder in deiner App vornehmen – z. B. etwas in einem Online-Shop kaufen oder einen In-App-Kauf vornehmen. Voraussetzung ist, dass das Tracking dieser Conversions auf der Webseite oder innerhalb der App durch das Facebook-Pixel oder das App-SDK stattfinden kann.

Katalogverkäufe: Ermöglicht es z. B. Online-Händlern oder Reiseportalen, auf Basis von Datenfeeds automatisiert ihr komplettes Produkt- oder Dienstleistungssortiment innerhalb des Facebook-Kosmos zu bewerben.

Besuche im Geschäft: Eignet sich, um mehr Personen in ein lokales Geschäft zu bringen. (Hoffentlich bald: In-Store-Visit-Tracking).

Nachdem Sie das für sich passende Ziel ausgesucht haben, widmen Sie sich der Anzeigengruppenebene. Auf dieser Ebene legen Sie die Zielgruppe fest, welche Sie mit der Werbung erreichen möchten. Hier können Sie die demografischen, geografischen und interessensbezogenen Daten einpflegen auf Basis Ihrer Zielgruppendefinition.

Nachdem Sie das erledigt haben, fehlt nur noch ein Schritt: Die eigentliche Werbeanzeige. Auf der Ebene der Werbeanzeige, legen Sie fest welche Werbung auf Instagram, Facebook (und evtl. bei den Facebook-Partnern, also Apps und Webseiten) angezeigt werden sollen. Sie laden an dieser Stelle das Bild hoch, schreiben die Texte, bearbeiten die Headlines und vieles mehr. Sie können auch einen bereits bestehenden Beitrag nutzen von Ihrer Facebook Seite oder aus Ihrem Instagram Profil und diesen bewerben. Das sind die drei Schritte bis zu einer Werbeanzeige.

Die Vorbereitung für dieser drei Schritte sind essenziell. Bevor Sie nämlich die Anzeige gestalten, sollte optimalerweise in den Facebook Insights danach geschaut werden, wie die potenzielle Zielgruppe demographisch und geographisch aufgebaut ist und welche Interessen diese Zielgruppe verfolgt.

Ist die Vorbereitung getroffen, die Anzeige gestaltet und ausgestrahlt, dann sollten verschiedene Anzeigen gegengetestet, kontrolliert und optimiert werden, um die besten Ergebnisse daraus zu ziehen.

Wenn Sie Werbeanzeigen schalten, haben Sie zudem noch vier angenehme Nebeneffekte:

1. LIKES: Sie erhalten automatisch Likes für Ihre Facebook-Fanseite und damit neue Fans, die später mit weiteren Posts aktiviert und auf Ihre Produkte aufmerksam gemacht werden können.

2. SHARES: Die Werbeanzeige wird immer mal wieder von jemandem geteilt, wenn sie gut aufbereitet ist, ein gutes Angebot enthält oder die bereits angesprochenen Emotionen anregt. Da die Facebook Nutzer im Schnitt 338 Freunde haben, wird Ihre Werbeanzeige mit jedem freiwilligen Share 338 potenziellen Käufern angezeigt. Wenn den Post 10 Menschen teilen, sehen rechnerisch 3.380 Menschen Ihre Anzeige und das völlig kostenfrei (Organic Traffic). Natürlich wird diese Zahl nicht zu 100% erreicht, da der Algorithmus auch hier wieder die Reichweite abschneidet).

3. Nachrichten: Sie erhalten über Ihre Seite vermutlich Nachrichten von Usern, die Fragen haben, Ihnen Feedback geben wollen oder ein anderes Anliegen äußern möchten. Sie können diese Kontaktaufnahme

als Chance nutzen, um Ihre Zielgruppe und deren Bedürfnisse besser kennenzulernen, was Ihnen im weiteren Verlauf viel bringt, um die Werbeanzeigen noch besser und gezielter aufzubauen.

4. **Zielgruppe durch Werbeanzeige kennenlernen:** Die Menschen werden auch mit Ihrer Werbeanzeige interagieren, sie liken, kommentieren und andere Interaktionen vornehmen. Dies alles sind Anhaltspunkte für Sie, wie die Zielgruppe tickt und wie Sie diese zukünftig ansprechen können, um die organische und bezahlte Reichweite weiter zu steigern.

Zusammenfassend kann gesagt werden, dass probieren über studieren geht. Vor allem im Fall der Werbeanzeigen müssen der ganze Prozess und die Parameter getestet werden, um am Ende herauszufinden, wie die eigene Zielgruppe bestmöglich über Facebook erreicht werden kann.

10.11 Der Facebook Pixel

Der Facebook Pixel ist eines der wichtigsten Tools von Facebook, die verwendet werden sollten. Dieser Pixel ist ein 1x1px (px=Maßeinheit) großer Pixel verbunden mit einem Code (Tracking-Code=Nachverfolgungscode), der auf der eigenen Webseite eingebaut werden kann.

Dieser Pixel kann und sollte überall auf der eigenen Seite eingesetzt werden, um bestimmte Handlungen der Webseitenbesucher zu verfolgen und zu speichern. Sie sollten Ihre

Webseite von Anfang an damit ausstatten, um sofort alle Besucher von Ihrer Seite zu speichern.

Wie kann man sich diesen Vorgang vorstellen?

Zunächst müssen Sie den Facebook Pixel über Ihren Business Manager im Tool „Events Manager" erstellen und benennen. Nachdem Sie dies erledigt haben, erhalten Sie einen Code, den Sie auf Ihrer Seite im <head> ... </head> - Bereich implementieren. Dies ist der „Kopfbereich" Ihrer Webseite und viele Baukastensysteme bieten bereits voreingestellte Kopfbereiche an, in welchen Sie lediglich diesen Code einfügen müssen. Wenn Sie bereits eine Webseite haben, dann sprechen Sie mit Ihrem Entwickler darüber. Wichtig zu beachten ist bei der Implementierung auch, dass Sie an einen Cookie-Opt-In denken. Dies ist eine Einverständniserklärung für den Besucher der Webseite.

In dieser Einverständniserklärung hat der Besucher die Möglichkeit diese Tracking Cookies technisch abzulehnen oder anzunehmen. Wenn er auf Ablehnen klickt, dann wird der Cookie nicht aktiviert und wenn der Besucher auf Annehmen klickt, dann wird der Facebook Pixel Cookie aktiviert. Dies ist DSGVO-Vorgabe und gängige Praxis. Achten Sie also bei dem Einsatz von Tracking Cookies (Google Analytics, Facebook Pixel, Google Tag ...), dass Sie ein funktionsfähiges Cookie-Opt-In haben. Sprechen Sie mich gerne an für ein paar Vorschläge, welche Systeme hier genutzt werden können.

Wenn Sie den Code in dem Bereich eingefügt haben, ist der Facebook Pixel auf der Seite implementiert und wird dann aktiviert, sobald ein Besucher auf Ihre Seite gelangt. Da der Facebook Pixel im Kopfbereich der Seite eingebaut ist, wird über alle Unterseiten hinweg der Besucherstrom gespeichert.

Wenn auf der Startseite 1.000 Besucher in den letzten 10 Tagen waren, im Bereich Männerbekleidung 500 und bei den Frauenprodukten 320, dann verfolgt das der Pixel und speichert diese Besucher, sofern diese in irgendeiner Weise ebenfalls mit Facebook verknüpft sind. Wenn die Besucher also im Hintergrund die Facebook- oder Instagram-App geöffnet haben und nicht ausgeloggt sind, dann werden sie vom Facebook Pixel gespeichert.

Diese gespeicherten Daten können Sie sich zunutze machen, indem Sie über eine Werbeanzeige die Option „Custom Audience" auswählen. Hier haben Sie die Möglichkeit beispielsweise die 500 Personen, die im Bereich Männerbekleidung auf Ihrer Seite gestöbert haben, zu reaktivieren und eine Werbeanzeige nur diesen Personen anzuzeigen.

Sie kennen es sicherlich auch: Wenn Sie mal auf einer Webseite unterwegs waren und sich ein bestimmtes Produkt angesehen haben, sich dann anschließend bei Facebook anmelden und plötzlich die Werbung von genau diesem Produkt sehen, dann ist genau dieser Prozess mit Hilfe des Facebook Pixels möglich gewesen.

Sie wurden bei der Produktseite vom Facebook Pixel gespeichert, um anschließend **wieder gezielt** angesprochen zu werden. Diese Vorgehensweise nennt man **Retargeting** (wörtlich: wieder zielen).

Retargeting ist eine der effektivsten Methoden, um Produkte abzuverkaufen, denn Sie sprechen gezielt Menschen an, die bereits mit Ihrer Seite interagiert haben. Sie zielen auf die warmen potenziellen Kunden ab und betreiben keine Kaltakquise.

Sie müssen sich folgendes vorstellen: Wenn Sie einen Online-Shop haben, 100 Personen Ihre Seite besuchen und Sie eine durchschnittliche CR (CONVERSION RATE=Konversionsrate) von 2% haben, dann kaufen nur 2 von 100 Besuchern Ihrer Seite sofort ein Produkt. Wenn Sie sich die Kraft des Retargetings zu Nutze machen, dann können Sie gezielt die 98 Personen wieder ansprechen, die mit Ihrer Seite interagiert, aber noch nichts gekauft haben und das steigert die Verkaufschance um ein Vielfaches (sofern die Ansprache sinnvoll ist).

In Ihrer Werbeanzeige haben Sie auch die Möglichkeit neben der Custom Audience eine Lookalike Audience zu erstellen.

Diese Lookalike Audience basiert auf einer zuvor erstellten Custom Audience. Wenn Sie bei einer Custom Audience zum Beispiel 15.000 Personen gespeichert haben, die mit Ihrer Unterseite „Männerbekleidung" interagieren, dann können Sie auf dieser Basis eine Lookalike (ähnliche) Audience erstellen, die dieser Sammlung an Daten am Ähnlichsten ist.

Facebook analysiert die 15.000 Datensätze der Custom Audience und sucht anschließend im eigenen Datenbestand nach Facebook-Profilen, welche Ihren 15.000 Personen am ähnlichsten sind. Es werden sogenannte Datenzwillinge produziert. Diese Datenzwillinge können Sie dann mit einer Werbeanzeige ansprechen und die Chance, dass diese positiv auf Ihre

Werbeanzeige reagieren ist sehr hoch, da sie die gleichen und ähnlichen Verhaltensweisen auf Facebook aufweisen wie die 15.000 Personen, die bereits Ihre Webseite besucht haben.

Das gesamte Facebook Pixel Thema ist sehr umfangreich, wenn man in die Tiefe einsteigen und sein Business damit ausbauen möchte. Sie haben gerade die groben Funktionen kennengelernt, mit denen Sie bereits arbeiten können, aber wenn Sie noch weiter in die Materie einsteigen möchten, können Sie sich den folgenden Artikel durchlesen und die Querverweise dieses Artikels anklicken, um alle Möglichkeiten des Pixels kennenzulernen:

https://de-de.facebook.com/business/help/952192354843755

Wie immer wird empfohlen zunächst einmal zu starten: Installieren Sie den Pixel auf Ihrer Webseite und arbeiten Sie sich Schritt für Schritt durch. So werden Sie im Laufe der Zeit die Funktionsweisen kennenlernen und die Ergebnisse Ihrer Seite besser steuern können.

Wie kann ich den Pixel im stationären Handel einsetzen?

Wenn Sie eine Webseite haben, die Ihren stationären Handel repräsentiert, dann können Sie ebenfalls den Facebook Pixel verwenden.

Nehmen wir an Sie haben demnächst ein Event im Laden geplant. Jetzt machen Sie auf Ihrer Webseite darauf aufmerksam und posten das Ganze bei Facebook.

Sie können nun im zweiten Schritt daraus eine Werbeanzeige machen und den Event-Beitrag auf Facebook bewerben. Wenn über den beworbenen Beitrag nun Menschen auf Ihre Webseite gelangen, dann können Sie diese mit dem Facebook Pixel speichern. Sie wissen dann genau, dass hier die Menschen auf den Beitrag geklickt haben, die zumindest in irgendeiner Form Interesse an Ihrem Event gezeigt haben, sonst hätten sie nicht auf den Beitrag und dann auf Ihre Webseite geklickt.

Nehmen wir an 10.000 verschiedene Personen haben den Beitrag gesehen (Reichweite = 10.000) und Sie haben eine Klickrate von 10%, was zu 1.000 Personen führt, die auf Ihre Webseite geklickt haben.

Dann können Sie genau diesen 1.000 Personen in den nächsten Tagen nochmals eine Werbeanzeige zukommen lassen, sozusagen einen Reminder, und auf Ihr Event aufmerksam machen. Diese 1.000 Personen sehen Ihr Event dann nochmals auf Facebook, nehmen das Event wahr und diese 1.000 Personen sind schon mal per se interessanter für Sie, da diese Menschen bereits auf Ihrer Webseite waren und Sie kennen. Wenn Sie diese Personen dann immer wieder vor dem Event gezielt ansprechen, dann steigt die Wahrscheinlichkeit, dass Ihr Event durch die Personen entsprechend besucht wird.

Um den Besucherstrom und die Effektivität Ihrer Werbeanzeige noch besser zu messen, empfiehlt es sich, wenn Sie auf Ihrer Webseite noch ein Registrierungsformular für das Event einbinden. Fordern Sie die Leute dazu auf sich beispielsweise beim Event anzumelden.

Mit einer Anmeldefunktion (per Mail oder Telefon beispielsweise) haben Sie später die Möglichkeit zu sagen, dass Sie z.B. 100€ in

Facebook Werbung investiert und damit 14 Anmeldungen erhalten haben. Wenn diese 14 Personen dann zu Kunden und später zu Stammkunden werden, haben Sie die Effektivität Ihrer Werbeanzeige und damit den Return on Invest gemessen.

Das Ganze können Sie auch mit Angeboten verbinden. Wenn das Event etwas kosten sollte, dann können Sie ein Angebot erstellen und dieses über Facebook bewerben. In diesem Angebot erhält eine bestimmte Anzahl an Personen einen Coupon-Code. Wenn die Personen diesen Coupon Code anschließend in den Laden mitnehmen und am Eingang vorzeigen, dann erhalten sie z.B. 50% Rabatt auf den Eintritt. Somit können Sie nachvollziehen wie viel Sie für die Werbung über Facebook und Instagram ausgegeben und wie viele Personen dann anschließend Ihren Laden mit dem Coupon Code besucht haben.

Dies ist nur eine der Möglichkeiten wie der stationäre Handel den Pixel nutzen kann. Wenn Sie Click and Collect anbieten mit Ihrer Webseite, dann können Sie den Pixel ähnlich wie im E-Commerce einsetzen. Die Botschaften werden andere sein, aber insgesamt wird es ähnlich funktionieren. Beispiel: Die Menschen kommen auf Ihre Webseite, suchen sich bestimmte Produkte aus, legen diese in den Warenkorb, um die Produkte zu reservieren.

Der Sinn bei Click and Collect ist der, dass die potenziellen Kunden Ihre Artikel über das Internet kaufen und reservieren, später dann aber im stationären Handel abholen.

Wenn jemand etwas in den Warenkorb legt, den Warenkorb aber nicht final bestellt, dann kann die Person über das Retargeting mit Hilfe des Facebook Pixels wieder erreicht werden. Sie können die

Person in dieser speziellen Werbeanzeige in irgendeiner Form motivieren den nicht abgeschlossenen Warenkorb final zu erledigen.

Wenn Sie weder Online Shop noch Click and Collect anbieten, dann können Sie alle Ihre Webseitenbesucher allgemein abspeichern und diesen immer wieder Werbung zukommen lassen, wenn Sie mal wieder einen Aktionstag planen oder neue Ware erhalten. Diese Personen sind zumindest schon mal eher interessiert an Ihren Angeboten, da sie bereits auf Ihrer Webseite mal drauf waren und Sie kennen.

Es gibt hier sehr viele Möglichkeiten wie genau Sie den Pixel noch in Ihrem individuellen Fall nutzen können, um die Reichweite innerhalb Ihrer Zielgruppe gezielt auszubauen.

10.12 How to be loved by Facebook (and Instagram)

Es gibt ein paar Methoden, mit denen Sie bei Facebook und Instagram eine große Beliebtheit erlangen, nicht nur von Ihren Fans, sondern vom Facebook Algorithmus selbst. An dieser Stelle wird zusammenfassend auf die zum Teil genannten sowie weitere Punkte eingegangen:

1. **Seien Sie relevant:** Nur relevante, zielgruppenspezifische Inhalte werden von den Usern gut angenommen und das wird Ihnen Facebook ebenfalls danken, da dadurch die Interaktionsrate bei den Usern steigt.

2. **Kaufen Sie keine Fans:** Fans sollten Sie auf bezahltem Wege nur mit gezielten Facebook Werbeanzeigen „kaufen",

sonst keine Anbieter auf dem Markt in Anspruch nehmen, wenn Sie ernsthaft eine stabile Fanbasis aufbauen möchten.

3. **Visualität:** Spielen Sie mit verschiedenen visuellen Anreizen. Setzen Sie viele Bilder ein, laden Sie ansprechende Videos hoch, nehmen Sie sich über Facebook Live auf und seien Sie dabei interessant.

4. **Dialog aufbauen:** Nutzen Sie Facebook, um mit Ihren Fans zu sprechen. Die Kommunikation ist das A und O bei Facebook und Instagram. Nutzen Sie die Macht des Dialogs. Sie werden Ihre Zielgruppe dadurch kennenlernen und dadurch noch passendere Produkte auf den Markt bringen können.

5. **Abwechslung:** Seien Sie verspielt. Laden Sie Bilder hoch, schreiben Sie kurze Texte, lange Texte, teilen Sie lustigen, kontroversen und edukativen Inhalt, machen Sie auf sich aufmerksam, binden Sie fremde Inhalte ein, erstellen Sie exklusive Angebote, Gewinnspiele, kostenfreie Produkte und vieles mehr.

6. **Vertrauen:** Wenn Ihre Fans Ihnen trauen, dann wird Facebook/Instagram Ihnen ebenfalls vertrauen. Dies sind die wichtigsten Währungen im Internet: Werte und Vertrauen.

Fassen wir also das Facebook-Thema zusammen: Machen Sie Facebook auf jeden Fall zum festen Bestandteil Ihres Marketing Mix. Sie sollten es in jedem Fall nutzen, da ca. 40 Millionen Menschen in Deutschland bei Facebook angemeldet und der

Großteil auch täglich aktiv ist. Machen Sie sich aber nicht abhängig von Facebook. Testen Sie auch andere Plattform aus, auf welchen Ihre Zielgruppe zu erreichen wäre.

Die organische Reichweite ist, wie bereits gezeigt, immer weiter gesunken in den letzten Jahren, dafür ist die Reichweite aber spezifischer geworden. Das heißt der Inhalt wird vor allen Dingen den Menschen angezeigt, die mit dem Inhalt interagieren und deswegen sollte von Anfang an auf eine hohe Interaktionsrate gesetzt werden mit Hilfe von reichweitenstarken Inhalten (Freebies, Gewinnspiele, guter Content etc.).

Gehen Sie das Thema Facebook professionell an und entwickeln Sie eine Facebook-Strategie sowie einen Projektrahmenplan, mit dem Sie Ihre Inhalte für die Seite festhalten und nach und nach abarbeiten.

Mit diesen Tipps und Hintergründen werden Sie bei Facebook einen guten Start haben und bei konsequenter Umsetzung einen konstanten Erfolg aufbauen.

10.13 Tipps für die eigene Facebook Fanpage!

Wenn Sie ein Unternehmen betreiben, dann sollten Sie mittlerweile auch eine Facebook Seite für dieses Unternehmen aufgebaut haben. Diese Facebook Seiten oder auch auf Englisch „Fanpages" genannt, haben den Vorteil, dass sie leichter und schneller Kunden an sich binden und die Kommunikation mit dem Kunden über das Internet vereinfachen können. Zudem haben Sie die Möglichkeit über Ihre Facebook-Seite bezahlte Werbung zu schalten, die den potenziellen Interessenten angezeigt wird.

Im Folgenden werden Ihnen 10 Tipps für die eigene Fanpage präsentiert mit denen Sie einen guten Eindruck machen, sobald Besucher auf Ihre Facebook-Fanpage kommen.

Tipp Nr. 1: Logo ins Profilbild einbauen, um den Wiedererkennungswert zu steigern

Tipp Nr. 2: Titelbild ausarbeiten und passendes Bild mit einer Botschaft einbauen oder ein Video als Titelvideo verwenden (noch emotionaler)

Tipp Nr. 3: Beschreibung des Profil- und Titelbilds mit eventuellen Verlinkungen zur eigenen Webseite oder einzelnen Produkten

Tipp Nr. 4: Informationen vollständig integrieren auf der Seite, um der Facebook-eigenen Suchmaschine (und Google) Content zu geben, der besser ausgelesen werden kann

Tipp Nr. 5: Call to Action Button einbauen mit einer relevanten Verlinkung zur eigenen Seite bzw. den eigenen Produkten

Tipp Nr. 6: Basis schaffen – Das bedeutet, dass eine Basis an Postings geschaffen werden soll, die einen ersten guten Eindruck hinterlässt, wenn ein User zum ersten Mal auf die Fanpage gelangt

Tipp Nr. 7: Apps/Drittanbieter sollen entsprechend eingebaut werden, die eine sinnvolle Verknüpfung zu anderen sozialen Medien liefern wie zum Beispiel dem eigenen YouTube-, Instagram-Kanal oder dem E-Mail-Anbieter

Tipp Nr. 8: Facebook Live und Videos verwenden

Tipp Nr. 9: 70-20-10 Regel beachten

Beachten Sie die 70-20-10-Regel.

Was bedeutet das?

Das bedeutet nichts weiter, als dass Sie 70% eigenen Inhalt auf Ihrer Seite veröffentlichen sollten, den Sie selbst erstellt haben (eigene Videos, eigene Blogtexte…), 20% sollte Inhalt sein, der zu Ihrer Zielgruppe passt und von einem anderen Anbieter ist (das verstärkt die Verbundenheit und Ihr Netzwerk und eventuell entsteht dadurch eine geschäftliche Partnerschaft mit dem anderen Anbieter) und 10% des Inhalts sollte sich auf den eigentlichen Verkauf beziehen.

Es kommt nämlich vor allen Dingen darauf an, dass Sie Ihren Fans über einen längeren Zeitraum etwas bieten, was nicht direkt mit einem Verkauf zu tun hat und dass sich die Fans dadurch unterhalten und verstanden fühlen und Ihren Inhalt teilen. Wenn Sie dann genügend kostenfreien Wert geliefert haben, dann greift oftmals das Prinzip der **Reziprozität**[13]. Das heißt, die User haben unbewusst das Gefühl etwas zurückgeben zu wollen.

Wenn Sie sich um Ihre Fans wirklich und ehrlich bemühen und die Bedürfnisse und Gefühle der Zielgruppe verstehen, dann werden sich diese Menschen in Form von Einkäufen bei Ihnen bedanken. Voraussetzung ist hierfür ein wirkliches Fundament und eine gute Kundenbeziehung, die stetig gepflegt wird, sowohl online als auch offline.

Tipp Nr. 10: Facebook Insights bzw. Audience Insights nutzen und sich mit den eigenen Statistiken und der eigenen Userbasis auseinandersetzen.

---

[13] Buchtipp: Siehe dazu auch das Buch „Influence" von Robert Cialdini

10.14 Wie kann ich Facebook mit dem stationären Handel verbinden?

Es gibt hier unzählige Methoden wie Sie die beiden Kanäle Facebook und Stationär miteinander verbinden können. Ihrer eigenen Kreativität sind keine Grenzen gesetzt.

Gehen wir auf ein paar Punkte ein, um Ihren Geist zu öffnen und Sie zu inspirieren, wie es gemacht werden könnte.

Wichtig ist bei der inhaltlichen Erstellung, dass Sie immer an die psychologische Grundhaltung denken und wissen warum sich Menschen auf Facebook überhaupt einloggen. Auf diese Gefühlswelt sollten Sie zunächst eingehen und eben die Inhalte liefern, die zu KNOW, LIKE und TRUST führen.

Über alledem steht das Wort RELEVANZ! Also sollten Sie relevante Inhalte für Ihre Zielgruppe kreieren, Ihr Ziel vor Augen haben und das Ganze anschließend im eigenen Controlling-Prozess prüfen und ggf. verändern.

Ihre Strategie sollte dabei auch immer festgelegt sein (Ziel, Zielgruppe, Content und Controlling-Maßnahmen für Ihre einzelnen Aktionen). **Das** ist zunächst das Fundament!

Wenn Sie dieses Fundament verinnerlicht haben, können wir uns jetzt auf die folgenden prozessbezogenen Abläufe beziehen.

10.14.1 Die Angebotsaktionen

Sie haben bei Facebook die Möglichkeit Angebote zu kreieren. Sie können Rabattcodes/Coupons erstellen, in einem Beitrag posten und darauf aufmerksam machen über Ihre Facebook Fanpage. Dieses Angebot könnte so aussehen:

Sie erstellen also ein Angebot auf Facebook und bewerben es zusätzlich, um möglichst viele Menschen zu erreichen. Dieses Angebot soll dann nur im stationären Handel einlösbar sein. Sie posten es bei Facebook und sagen, dass der Rabattcode NUR im Laden eingelöst werden kann und eventuell noch zusätzlich bei einer bestimmten Aktion bzw. an einem bestimmten Tag, so dass hier eine künstliche Verknappung und Dringlichkeit produziert wird.

Die Angebotsaktionen können Sie als Beitrag posten und dann im Werbeanzeigenmanager innerhalb des Business Managers gezielt bewerben, indem Sie die geographischen, demographischen und interessensbezogenen Filter verwenden.

Wenn Sie an den Facebook Pixel denken, könnten Sie Angebote auch nur an die Personen raussenden, die auf Ihre Webseite gekommen sind in den letzten 7 Tagen oder in einem anderen von Ihnen bestimmten Zeitraum. Probieren Sie es aus!

10.14.2   Messenger Marketing: Curated Shopping im stationären Handel

Kennen Sie die eine gute Alternative zum E-Mail-Marketing? Wenn nicht, dann lernen Sie diese jetzt kennen. Es ist das unternehmensbezogene Messenger Marketing.

Das Messenger Marketing ist in den letzten Jahren stark gewachsen, wobei es bei uns in Deutschland noch nicht alle Unternehmen nutzen in der Kundenkommunikation.

Es gibt hier jedoch seit ein paar Monaten (Stand Ende 2020) gewisse Restriktionen in Europa, die es erschweren Messenger Marketing Kampagnen durchzuführen. In dem letzten Stand meines Buchs habe ich an dieser Stelle noch von den guten Möglichkeiten im Chatbot-basierten Messenger Marketing sowie von Messenger Marketing Werbeanzeigen gesprochen. In Europa sind diese Werbeanzeigen nun nicht mehr vorhanden und viele Analysen im Zusammenhang mit den Messenger-Metriken sind seitens Facebook aufgrund der Datenschutz-Thematik gekappt worden.

Es bietet sich aber immer noch viel Potenzial für Unternehmen, wenn Sie den Messenger zur Kundenkommunikation nutzen.

Wie gehen wir die Sache hier DSGVO-konform am besten an?

Sie haben zwei Möglichkeiten aktuell, um das Messenger Marketing professionell und sicher nutzen zu können. Zunächst brauchen Sie eine Facebook Fanpage/Unternehmensseite und damit können Sie bereits über den Facebook Messenger mit den Menschen interagieren. Wenn Ihnen jemand eine Nachricht schreibt, dann können Sie direkt darauf reagieren und so die Kundenbeziehung virtuell auf- und ausbauen.

Das ist die erste Möglichkeit. Wichtiger Hinweis dabei: Nur wenn Kunden/Facebook User Sie zuerst anschreiben, dann ist das rechtlich in Ordnung, da diese Kunden damit per se eine Einverständniserklärung abgeben mit Ihnen kommunizieren zu wollen, sonst hätten sie ja nicht geschrieben. Andersrum ist das nicht erlaubt. Wenn Sie zum Beispiel Ihre Abonnenten direkt anschreiben und Ihnen Produkte/Angebot per Kaltakquise zusenden, dann ist das nicht erlaubt, kann vom User gemeldet werden und im schlimmsten Fall werden Sie auf der Facebook Plattform gesperrt.

Die zweite Möglichkeit ist WhatsApp Business. Wenn Sie sich WhatsApp Business herunterladen auf das Geschäftshandy, dann könnten Sie es ebenfalls für Ihre Kundenkommunikation nutzen und viele weitere Business Tools verwenden, die WhatsApp Business anbietet.
Sogar einzelne Produkte können dort aktuell hochgeladen werden in einem WhatsApp Shop. Diese sind leider nicht mit dem Produktkatalog von Facebook verknüpfbar, aber immerhin können Sie diese Dinge anbieten. Da sich die datenschutzrechtlichen Bedingungen hier in diesem Fall ständig ändern können, empfehle

ich Ihnen bei Installation der App die aktuelle Lage von WhatsApp Business zu prüfen und weiter im Auge zu behalten.

Aktuell sind Sie relativ sicher mit dieser Vorgehensweise (Stand Januar 2021):

- Sie installieren WhatsApp Business auf einem separaten Geschäftshandy (oder auf dem gleichen Handy mit separater SIM-Karte (Dual-SIM)) oder auf dem gleichen Handy mit separater Festnetznummer.

- Sie können auch Mobile-Management-Device-Software (MDM) nutzen, um den persönlichen Bereich vom geschäftlichen Bereich auf dem Handy trennen zu können (Workspace-Bereich wird damit auf dem Handy wie ein zweiter Desktop erstellt).

- Warten Sie, bis jemand Ihnen schreibt über WhatsApp und treten Sie dann in die Kommunikation ein (Einverständniserklärung ist damit eingeholt).

- Machen Sie auf Ihre Datenrichtlinien aufmerksam innerhalb der WhatsApp Kommunikation.

Sie können bei Facebook auch bei Ihren Beiträgen den „Nachrichten"-Button hinzufügen, so dass Sie den Menschen immer mal wieder ermöglichen mit Ihnen direkt in Kontakt zu treten. Über Werbeanzeigen ist dies auch möglich (Traffic-Werbeanzeigen und nicht die „Nachrichten"-Anzeigen), die zu einer Kommunikation in den Messenger leiten, doch hier kann sich auch jederzeit schnell was ändern. Beobachten Sie auch hier die Entwicklung.

10.14.3   Gewinnspiele

Gewinnspiele sind ebenfalls eine gute Variante, um den stationären Handel mit den sozialen Medien zu verbinden. Machen Sie doch auf Ihren stationären Handel aufmerksam, indem Sie ein Gewinnspiel stattfinden lassen, bei welchem der Gewinn nur im Laden einlösbar ist.

Stellen Sie sich die folgende Headline vor „**Wir schenken Dir 1 Jahr Shopping for FREE im Modehaus XY**". Die Gewinnspielbedingung wäre dafür der Facebook Seite zu folgen und eine Person unter dem Beitrag zu kommentieren, die zur Mode des Stores passen könnte. Das Kommentieren hätte den Sinn, dass automatisch Werbung gemacht wird unter den Freunden, die kommentiert werden.

Keine Sorge: Wenn Sie jetzt denken, dass würde den Laden ruinieren, dann können Sie in den Gewinnspielbedingungen natürlich aufführen, dass innerhalb des Jahres lediglich ein Budget von 2.000€ Brutto eingelöst werden kann und das Ganze damit begrenzen. Sie werden mit solch einer Aktion sicherlich einen positiven, viralen Effekt auslösen, der eine Reichweite generieren wird, die über der möglichen Print-Reichweite steht. Was meine ich mit Print-Reichweite?

Stellen Sie sich vor Sie müssen ein Model bezahlen, ein Fotoshooting auf die Beine stellen, den Flyer designen, den Flyer drucken und das Ganze über einen Verteiler in die Haushalte bringen. Dann sind 2.000€ relativ schnell aufgebraucht und die Reichweite vergleichsweise gering. Zudem haben Sie mit diesem reinen Produktflyer nicht so einen emotionalen und viralen Effekt wie Sie es mit der Gewinnspielaktion hätten. Wir können hier auch einen Schritt weiter gehen:

Sie kreieren das Gewinnspiel bei Facebook und sagen, dass eine Gewinnspielbedingung lautet sich in den eigenen Newsletter einzutragen.

Dann haben Sie nicht nur einen einmaligen, viralen Effekt und eine große Reichweite, sondern auch Newsletter Abonnenten im Nachgang, die Sie immer wieder anschreiben können. Newsletter Abonnenten sind wie ein Anlagevermögen bei Ihnen im Unternehmen. Das sind alles Menschen, die was mit Ihrem Unternehmen zu tun haben, interessiert sind und die Sie jederzeit wieder anschreiben und bei den nächsten Aktionen aktivieren können. Das ist in jedem Fall zu empfehlen!

Überlegen Sie sich also genau wie Sie solche Gewinnspiele aufziehen könnten, seien Sie kreativ und verbinden Sie das Ganze immer mit einer Gewinnspielbedingung, die es ermöglicht die Menschen im Nachgang wieder zu erreichen. Wenn Sie neue Follower, neue Messenger Abonnenten oder neue E-Mail-Abonnenten erhalten, dann haben Sie einen langfristigen Effekt erzielt, der es ermöglicht die Menschen immer wieder auf Knopfdruck zu erreichen.

10.15 Retargeting

Beim Thema Retargeting geht es um das Thema „wieder erreichen" oder „wieder abzielen" (Re=lat. „wieder/zurück" + Targeting=eng. „zielen/abzielen").

Wie bereits oben beschrieben funktioniert das Retargeting, indem man den Facebook Pixel auf der Webseite installiert.

Man hat die Möglichkeit die Personen, die auf Ihre Webseite kommen und ein Facebook oder Instagram Profil haben, „abzuspeichern" und diese im Anschluss wieder zu erreichen.

Nehmen wir mal einen konkreten Fall vor. Sie haben eine reine Präsentations-Webseite OHNE Shopsystem. Menschen gelangen auf Ihre Webseite, schauen sich dort um, schauen sich an wann Sie offen haben, klicken auf den „Über Uns" Bereich, klicken auf die dortigen Bilder und gehen wieder von der Seite weg. Etwa 98 von 100 Personen werden auf Ihre Seite kommen und keine bleibende Interaktion mit Ihnen tätigen, sprich Sie werden den Großteil der Menschen nie wieder erreichen können, der Ihre Webseite besucht hat. Sie kommen auf die Webseite drauf und gehen wieder, ohne eine Spur zu hinterlassen.

Es sei denn Sie haben beispielsweise den Facebook Pixel auf der Seite installiert. Dann können Sie mit diesem Facebook Pixel die Besucher der Webseite zum großen Teil abspeichern und diese wieder bei Facebook erreichen, ohne dass diese Menschen Ihrer Facebook Seite folgen.

Angenommen Sie haben ein Event kommende Woche und wollen es gezielt bewerben. Dann greifen Sie auf die Menschen zurück, die auf Ihrer Webseite waren und erreichen diese Menschen wieder mit einer Retargeting-Kampagne. Nehmen wir weiterhin an Sie haben 1.000 Menschen auf Ihrer Seite mit dem Facebook Pixel registriert in den letzten 30 Tagen. Dann können Sie genau diesen Menschen Ihre Anzeige zum kommenden Event präsentieren.

Mit dieser Vorgehensweise verringern Sie Ihren Streuverlust und stellen sicher, dass nur Menschen Ihre Werbeanzeige sehen, die bereits etwas mit Ihrem Unternehmen zu tun hatten (Warme Interessenten). Kaltakquise ist immer teurer als Akquise von Personen, die ein Interesse an Ihrem Unternehmen und Ihren Produkten gezeigt haben.

Sie haben bereits bestehende Mailadressen im Portfolio/Kassensystem? Dann können Sie diese Mailadressen als sogenannte Custom Audience innerhalb des Facebook Business Managers hochladen. Was erreichen Sie mit dieser Vorgehensweise?

Nehmen wir an Sie haben 1.000 Mailadressen offline gesammelt. Dann können Sie im Facebook Business Manager unter dem Bereich „Zielgruppen" die 1.000 Mailadressen

hochladen und Facebook gleicht dann diese Mailadressen mit seiner eigenen Datenbank ab.

Wenn nun 600 Personen von den 1.000 Personen mit ihrer Mailadresse auch bei Facebook angemeldet sind, dann haben Sie die Chance Ihre nächste Werbeanzeige auf Facebook **genau diesen Personen** anzuzeigen.

Das ist sehr kraftvoll, denn es geht ja immer um Streuverlust-Minimierung und gezielte Reichweitenerhöhung. Je gezielter Sie Ihre Zielgruppe ansprechen, desto mehr Menschen werden Sie erreichen, die für Ihr Unternehmen relevant sind und desto mehr Menschen werden dann in Ihren Laden kommen.

Hinweis zum Einsatz vom Facebook Pixel und Custom Audiences: Beachten Sie bei der Installation des Facebook Pixels auf Ihrer Seite sowie bei der Installation von Google Analytics beispielsweise, dass Sie auf der Webseite ein Cookie OptIn einholen, wenn jemand auf Ihre Webseite kommt. Der Einsatz des Facebook Pixels erfordert laut DSGVO und den bisherigen gerichtlichen Auseinandersetzungen die Einbindung eines Cookie OptIns, der technisch ermöglicht, dass die Leute Cookies **entweder** vollständig bzw. partiell akzeptieren **oder** sich komplett dagegen aussprechen und der Speicherung ihrer Daten widersprechen.

Hier ein Beispielbild wie ein richtiger Cookie OptIn Banner aussieht:

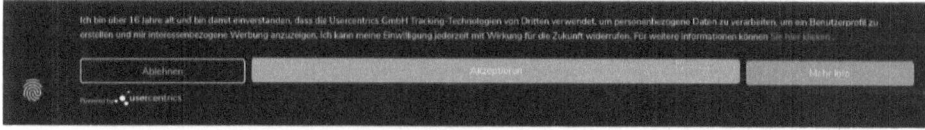

Was bedeutet das technisch? Die Menschen, die auf Ihre Seite gelangen, werden so lange nicht abgespeichert vom Facebook Pixel bis sie nicht ausdrücklich die Genehmigung dafür erteilt haben. Bei den bloßen Cookie Hinweisen, die zum Teil immer noch auf Seiten eingesetzt werden, ist es so, dass die User trotz dem Hinweis von der ersten Sekunde an abgespeichert werden, ob sie nun wollen oder nicht. Der Hinweis ist eine reine Info und nach Klicken des „OK"-Buttons verschwindet der Hinweis zwar, aber es passiert technisch nichts weiter.

Achten Sie also beim Einsatz von Cookies darauf, ob Sie ein Cookie OptIn bei sich benötigen oder ob ein Hinweis ausreicht. Beim Verknüpfen der Kassendaten mit Facebook benötigen Sie vom Kunden vorher ebenfalls eine Einverständniserklärung. Informieren Sie sich da bei einem Anwalt, wie zum Beispiel der Anwaltskanzlei von e-recht24, bevor Sie es bei sich großflächig umsetzen.

10.16 Bauen wir eine Werbeanzeige Schritt für Schritt auf

In diesem Kapitel möchte ich darauf eingehen, wie Sie eine Werbeanzeige genau aufbauen. Es gibt hier noch unendlich viele Varianten und Spielmöglichkeiten, aber damit Sie ein Bild davon bekommen gehen wir eine klassische Werbeanzeige Step by Step durch. Innerhalb des Facebook Business Managers werden Sie den Bereich „Werbeanzeigenmanager" entdecken.

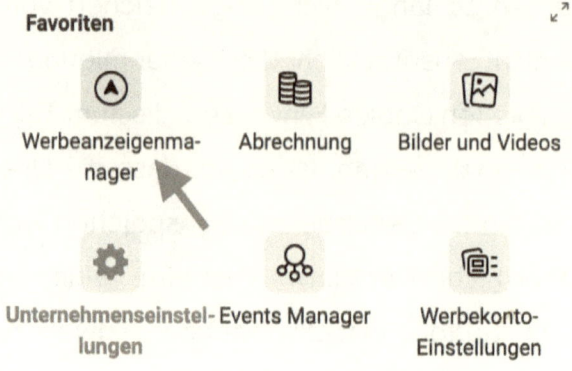

Diesen klicken Sie an und anschließend auf „Werbeanzeige erstellen".

Im ersten Schritt der Werbeanzeige suchen Sie sich ein bestimmtes Ziel aus. In unserem Beispiel wählen wir das Ziel „Traffic" und dieses Ziel benennen wir dann auch „Traffic: Meine Webseite". Damit ist dann gemeint, dass wir mit der Werbeanzeige Besucher auf unsere Webseite bringen möchten, die sich auf Instagram und Facebook befinden.

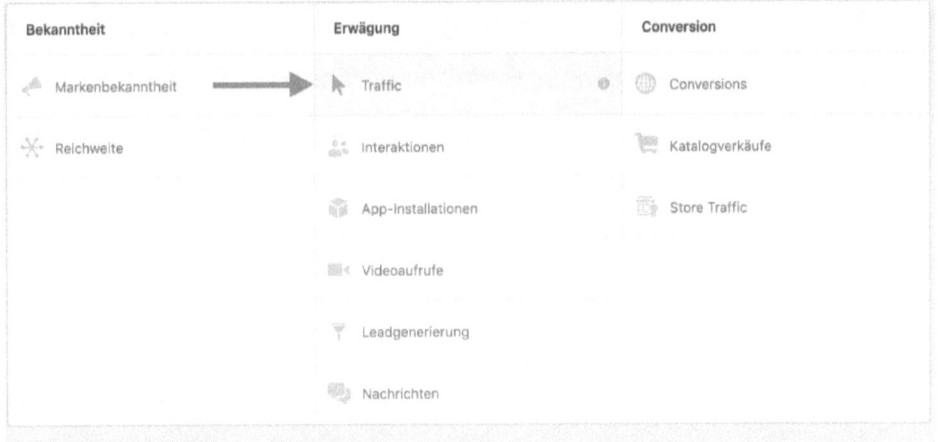

Bekanntheit	Erwägung	Conversion
Markenbekanntheit ➤	Traffic	Conversions
Reichweite	Interaktionen	Katalogverkäufe
	App-Installationen	Store Traffic
	Videoaufrufe	
	Leadgenerierung	
	Nachrichten	

Im zweiten Schritt gehen wir auf die Anzeigengruppe ein bzw. die Zielgruppeneinstellungen. Dort können wir allerlei Dinge vornehmen, um unsere Zielgruppe entsprechend einzugrenzen, die demographischen, geographischen und interessenbezogenen Filter einstellen, die Laufzeit der Anzeige festlegen und das Budget planen.

Beim Budget ist es so, dass hier mindestens 10€ am Tag pro Anzeigengruppe empfohlen werden für den ersten Test. Bei einem Budget darunter wird Facebook zu lange brauchen, um ein bestimmtes Datenvolumen zu generieren und zu langsam dazulernen.

Sie müssen wissen, dass Facebook im Hintergrund einen Algorithmus für Sie aufgebaut hat, der mit der Werbeanzeige lernt. Das bedeutet: Facebook lernt bei welchen Personen und Personengruppen Ihre Werbeanzeige gut angenommen wird und bei welchen Personen nicht. Wenn Sie etwas geduldig sind und die Anzeige laufen lassen, dann wird Facebook das bestmögliche aus der Anzeige herausholen. Natürlich ist auch die Anzeige selbst von

139

hoher Bedeutung und wie diese gestaltet und geschrieben wurde, aber seien Sie gewiss, dass Facebook immer das Beste aus dieser Anzeige herausholen möchte, denn Facebooks Bestreben ist es ja, dass Sie immer wieder bei Facebook Geld ausgeben und das werden Sie nur tun, wenn die Werbeanzeige gut angenommen wird und Sie auch positive Ergebnisse sehen.

Legen Sie also mindestens ein Budget von 10€ pro Anzeige fest. Zu empfehlen wäre es auch direkt drei Anzeigengruppen parallel laufen zu lassen und Facebook die Budgetallokation selbst optimieren zu lassen (Stichwort: Budgetoptimierung auf Kampagnenebene).

Optimierung des Kampagnenbudgets ⓘ   ⚪ EIN
Optimiere das Budget Anzeigengruppen-übergreifend

Budget der Kampagne ⓘ | **Tagesbudget ▼** | 30,00 € |

Der tatsächlich pro Tag ausgegebene Betrag kann variieren. ⓘ

Weitere Optionen anzeigen ▼

Das bedeutet Sie geben 30€ am Tag aus, Facebook schaut für Sie welche der drei Anzeigengruppen am besten laufen und teilt das Geld entsprechend auf die bestlaufende Anzeige auf. Das ist dann eine dynamische Budgetoptimierung, von der Sie durchaus profitieren können, wenn Sie auf Facebook vertrauen und das Ganze etwas laufen lassen.

In der Anzeigengruppe können Sie auch die Platzierungen Ihrer Anzeige festlegen und dort genau die Platzierungen aussuchen, die zu Ihrer Anzeige passen. Wenn Sie nur eine Instagram Stories Anzeige schalten möchten, dann suchen Sie dort Instagram Story aus, wenn es nur eine Instagram Feed Anzeige sein soll, dann suchen Sie Instagram Feed aus, wenn es eine 3 Minuten Video Anzeige werden soll, dann suchen Sie die passenden Platzierungen für VIdeos aus wie den Facebook News Feed und Facebook Video Feeds.

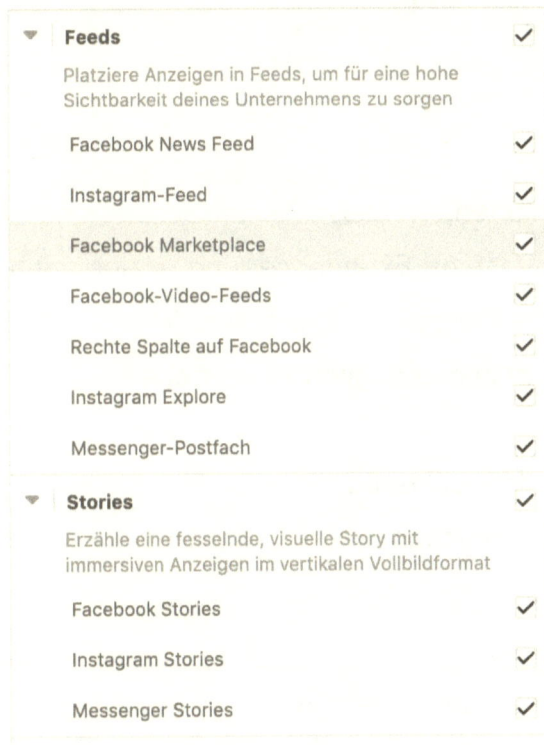

Facebook Marketplace

Wir empfehlen **quadratische (1:1)** Bilder und **vertikale (4:5)** Videos.

Im dritten und letzten Schritt gehen wir auf die Anzeige selbst ein. Hier haben Sie zwei Möglichkeiten. Entweder Sie greifen auf einen bestehenden Beitrag von Facebook oder Instagram zu oder Sie kreieren eine völlig neue Werbeanzeige. Hier sind Ihrer Kreativität keine Grenzen gesetzt.

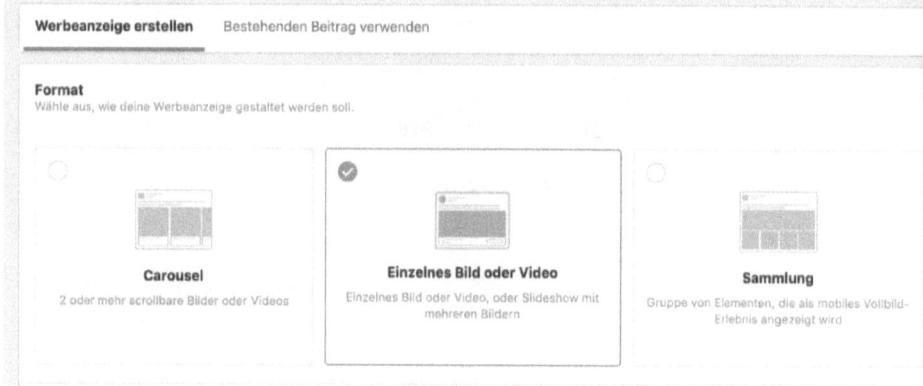

Sie können Fotos hochladen, Videos, Texte schreiben, ein Karussell erstellen, eine Instant Experience und vieles mehr. Wichtig ist nur, dass Sie die Prinzipien einer guten Werbeanzeige verstehen und die sind nicht immer einfach zu verstehen.

Im Folgenden führe ich stichpunktartig ein paar Punkte auf, die eine gute Werbeanzeige ausmachen:

- Qualitatives Bild/Video
  - Fotoauflösung nicht zu verpixelt
  - Die Botschaft ist klar erkennbar auf dem Bild/im Videobeitrag

- o Es ist ein Bild oder Video, das auffällt und nicht untergeht
- o Es ist ein Bild oder Video, das Emotionen triggert
- o Emotionaler Content führt zur organischen Verbreitung durch die User selbst (viraler Effekt)

- Der Anzeige spricht in erster Linie die Loginfaktoren des Users an (Es spricht die Sprache des Users und der Plattform)
- Der Text innerhalb der Anzeige/des Beitrags ist auf die Zielgruppe genauestens ausgelegt und vermittelt einen oder mehrere **Benefits**
  - o Die Benefits können variieren und sich auf „Lustgewinnung" oder „Schmerzvermeidung" beziehen.
  - o Fragen Sie sich wie Sie die Texte entsprechend gestalten können, um dem User einen genauen Benefit zu vermitteln. „Was habe ich davon?" fragen sich die User immer bewusst oder unbewusst und darauf sollte im Beitrag eine Antwort gegeben werden.

Das sind nur ein paar Punkte, die im Groben beachtet werden sollten, wenn eine Werbeanzeige oder auch ein Beitrag funktionieren und auf die Zielgruppe angepasst sein soll.

Darüber hinaus sollten Sie sich noch weiter informieren, wenn es um gute Werbeanzeigen geht und sich einfach mal ein paar Praxisbeispiele im Internet anschauen, die gut sind.

Danach lassen Sie die Werbeanzeige laufen, indem Sie das Ganze bestätigen.

Wenn Sie nach 14 Tagen merken sollten, dass hier keine Ergebnisse eingestellt sind, die Sie zufrieden stellen, dann stoppen Sie die Werbeanzeige und kreieren eine Neue. Testen Sie das Ganze, bis es funktioniert und sich Ergebnisse eingestellt haben, mit denen Sie zufrieden sind.

10.17 Die Hauptcontentformen bei Facebook

Vielleicht fragen Sie sich, was die wichtigsten Contentformen sind, die man bei Facebook einsetzen kann. Als wichtigste Contentform wird der Inhalt eingestuft, der organisch tendenziell eine höhere Reichweite hat als andere Inhaltsformen auf der gleichen Plattform. Es gibt grundsätzlich die folgenden Möglichkeiten bei Facebook:

- Bild + Text
- Video
  - Reguläres Video
  - Facebook LIVE
  - Facebook Stories
  - Facebook Premiere

Das sind die gängigsten Formen, die aktuell (2021) bei Facebook genutzt werden.

Im Moment ist es so und so wird es auch 2021 und 2022 voraussichtlich sein, dass „Video"-Formate die höchste Reichweite genießen auf Facebook.

Das wird von Facebook am ehesten gepusht und Mark Zuckerberg (Gründer von Facebook) selbst hat gesagt, dass Videos zwischen 80-90% Inhalt einnehmen werden in den Vorschlägen, die vom Facebook Algorithmus gesteuert sind.

Der Facebook Algorithmus subventioniert sozusagen die Video-Reichweite und begünstigt diese.

Wieso?

Weil Facebook genau weiß, dass Menschen lieber Videos schauen als etwas zu lesen, die Aufmerksamkeit pro Beitrag dadurch steigt und die Verweildauer auf der Plattform wächst.

Durch eine höhere Verweildauer auf der Plattform ist es so, dass vermutlich eher auf eine Werbeanzeige geklickt wird und dadurch die Werbetreibenden auf Facebook glücklicher sind, aber auch Facebook selbst, da durch jeden Klick auf eine Werbeanzeige Facebook mitverdient.

Damit die Verweildauer aber wirklich höher ausfällt, streut der Facebook Algorithmus aber nur die Videos aus, die relevant sind für den jeweiligen User. Das bedeutet: Wenn Sie Videos einsetzen, dann müssen sie ebenso sicherstellen, dass es Videos sind, die Ihrer Zielgruppe entsprechen und relevant sind, sonst bringt das beste Video nichts für Ihre Reichweite.

An dieser Stelle ein paar positive Beispiele von Facebook Videos und wie man Werbung unterhaltsam, interaktiv, informativ und sehr subtil machen kann:

UNTUCKit   (informativ):
https://www.facebook.com/UNTUCKit/videos/429676460770489/

GruntStyle (unterhaltsam):
https://www.facebook.com/gruntstyle/videos/1464907000203720
/?v=1464907000203720

BIANCO (subtil und emotional):
https://www.facebook.com/advert.ge/videos/318497095469897/?
v=311591356214949

DEFSHOP (interaktiv):
https://www.facebook.com/defshop.de/videos/114268372909989
9/

Beachten Sie also auch bei Videos die oben beschriebenen Faktoren eines guten Beitrags/einer guten Werbeanzeige und Sie werden mit höheren Reichweiten belohnt. Viel Spaß beim Wachsen auf Facebook!

11 INSTAGRAM

Instagram weist eine vielfache Usermenge im Gegensatz zu Snapchat und auch TikTok auf und ist damit eine Plattform mit einem weiteren, reichweitenstarken Netzwerk, welches genutzt werden kann, um die eigene Zielgruppe zu erreichen.

Laut einer Forrester Studie ist die Interaktion bei Instagram etwa 58-mal höher als bei Facebook und 120-mal höher als bei Twitter. Es liegt daran, dass diese Plattform sehr clean und leicht verständlich aufgebaut ist und nicht viel Ablenkung herrscht. Sie haben beim Scrollen in der App sequentiell immer nur den Fokus auf einem Bild oder Video bis Sie dann weiterscrollen. Das regt zum Interagieren an und die Aufmerksamkeit liegt auf dieser einen Sache.

Aufgrund der neuen Analyse- und Steuerungsmöglichkeiten, die man aber auch bei Snapchat hat (die bei TikTok auch ausgebaut werden im Moment), wird Snapchat für das eigene Marketing attraktiver, jedoch ist Instagram mit viel mehr Features ausgestattet, die Snapchat technisch noch nicht bietet.

Bei Instagram kann im Gegensatz zu Snapchat viel gezielter geworben werden und die Analysen können professioneller und kontrollierter ablaufen, da Instagram mittlerweile Facebook gehört und mit dem bereits beschriebenen Facebook Business Manager verknüpft ist.

Über den Facebook Business Manager kann der Instagram Kanal direkt mit Facebook verknüpft werden und die Zielgruppe kann ganz gezielt anhand demographischer und geographischer Daten ausgewählt werden.

11.1 Generelle Instagram Tipps für mehr Reichweite

Wenn Sie auf Instagram wachsen möchten, dann sollten Sie auf ein paar Dinge achten:

1. **Ziel, Zielgruppe und Planung**: Eine detaillierte Planung ist von Anfang an wichtig, damit Sie wissen wohin die Reise mit dem eigenen Instagram Kanal gehen soll. Wen möchten Sie ansprechen, wie möchten Sie diese Personen ansprechen, wie oft wollen und können Sie aktiv sein auf Instagram, welche besonderen Inhalte haben Sie sich für den Kanal überlegt und was ist das Gesamtziel des Kanals? Diese Überlegungen sollten von Anfang an gemacht werden, damit man eine gewisse Content-Strategie hat.

2. **Tools auswählen**: Es gibt viele hilfreiche Tools für Instagram, die Sie nutzen können, um die Reichweite auf Instagram zu steigern und Ihre Posts und Inhalte schöner zu gestalten.

3. **Relevanten Content posten**: Mit relevantem Content kann die organische Reichweite von Beginn an stabil gesteigert werden.

4. **Konsistenz**: Dies bedeutet vor allen Dingen, dass Sie durchhalten und strategisch am Ball bleiben sollen.

5. **Facebook Connection nutzen**: Nutzen Sie die Verbindung zu Facebook und vor allen die Möglichkeiten zur bezahlten

Werbung auf Instagram über den Facebook-Werbeanzeigenmanager.

6. **Fragen und Aufgaben**: Seien Sie kreativ und denken Sie daran, Ihre Follower mit Fragen, Aufgaben und anderen Call To Action Möglichkeiten zu animieren, um bedeutungsvolle Interaktionen aufzubauen und zum gemeinsamen Austausch miteinander anzuregen.

7. **JJJRH-Strategie**: Diese Strategie hat der Unternehmer und Autor Gary Vaynerchuk geprägt. JJJRH bedeutet ausgeschrieben „Jab Jab Jab Right Hook" und kommt eigentlich aus der Boxwelt. Dieses Bild bedeutet im übertragenen Sinne, dass Sie Ihren Kunden oder Fans zunächst einmal über einen längeren Zeitraum wertvolle Inhalte und eine Story liefern, die das Vertrauen aufbauen (Jab Jab Jab...) bis Sie dann mit dem rechten Haken zuschlagen und einen Verkauf auf Ihrer Seite promoten. Das gleichnamige Buch „Jab Jab Jab Right Hook" von Gary Vaynerchuk ist ebenfalls sehr empfehlenswert.

8. **Beschreibung**: Unter jedem Bild, das Sie auf Instagram posten, wird es eine Beschreibung geben. Widmen Sie sich dieser Beschreibung mit ein paar Zeilen und einer guten Story, denn wenn es interessant geschrieben ist, wird auch bei Instagram viel gelesen. Das bindet den User an Ihr Unternehmen und verstärkt die Kommunikation mit dem Kunden.

9. **Hashtags in den Kommentaren**: Verwenden Sie sogenannte Hashtags in den Kommentaren. Wenn Sie zum

Beispiel eine Beschreibung des Bildes fertig formuliert haben, können Sie danach noch #stuttgart #brautmodeladen #hochzeit oder was auch immer zu Ihrem Bild passt, setzen (In diesem Beispiel hier könnte es sich um einen Brautmodeladen in Stuttgart drehen). Die Hashtagfunktion auf Instagram hat die Funktion, dass Ihr Post kategorisiert und gefunden werden kann, wenn jemand nach dem Begriff „stuttgart", „brautmodeladen" oder „hochzeit" sucht oder diesem Hashtag folgt. Achten Sie aber darauf, dass Sie nicht bloß große und generische Hashtags verwenden. Besser ist es Hashtags zu mischen und auch kleinere, relevantere Hashtags für sich zu nutzen, anstatt nur große Hashtags mit einer Millionen-Reichweite. Bei großen Hashtags haben Sie das Problem, dass Sie mit Ihrem Inhalt im Hashtag-Explore-Feed[14] untergehen.

10. **Networking:** Netzwerken ist nicht nur in der realen Welt von Vorteil, sie ist auch und vor allem in der Online Welt vorteilhaft und zwingend notwendig. Je mehr Sie sich mit Menschen vernetzen, die in Ihrer Branche tätig sind und mit Influencern, die Ihr Produkt und Ihre Seite präsentieren, desto schneller werden Sie mit Ihrer Seite wachsen.

11. **User einbeziehen und wichtig nehmen:** Bauen Sie wie bei Facebook einen Dialog mit den Menschen auf und nehmen Sie die Menschen wichtig.

---

[14] Hashtag Explore Feed = Der Bereich, in welchem Sie nach bestimmten Hashtags suchen können.

12. **Stories:** Wenn Sie eine Person aus Ihrem Unternehmen bestimmen, welche die Story-Funktion von Instagram übernimmt und immer mal wieder aktuelle News persönlich und per Video mitteilt, dann schafft das eine gewisse Nähe und Greifbarkeit Ihres Unternehmens, vor allem, wenn die Stories authentisch rübergebracht werden. Denken Sie auch dabei an die LIVE Funktion und überlegen Sie wie Sie diese Funktion im besten Fall nutzen können.

Wenn Sie diese Tipps für Ihren Start bei Instagram beherzigen, so können Sie kontinuierlich eine stabile und stetig wachsende Fanbase aufbauen, die es Ihnen ermöglicht zukünftige Produkte und Projekte einer großen Gruppe an Menschen auf Knopfdruck anzubieten.

Das sind die groben Tipps, die Sie von Anfang an im Hinterkopf behalten können. Fangen wir aber mit den ersten Schritten an, um Ihren Instagram Kanal professionell aufzubauen.

11.2 Ihre ersten Schritte

Laden Sie sich zunächst die Instagram Applikation auf Ihrem Handy runter und melden Sie sich mit Ihrer Mailadresse an und bestätigen Sie das Ganze.

Anschließend finden Sie eine leere Instagramseite vor mit 0 Followern, 0 Followings (also Menschen und Unternehmen, denen Sie folgen) und 0 Beiträgen. Das ist der Beginn Ihrer großen Reise und Ihres neuen Marketings auf Instagram.

11.2.1 Profilbeschreibung

In der Profilbeschreibung haben Sie die Chance Ihr Alleinstellungsmerkmal hervorzuheben und die Menschen, die auf Ihr Profil kommen zum Interagieren anzuregen.

Schauen wir uns mal die Zalando Profilbeschreibung an:

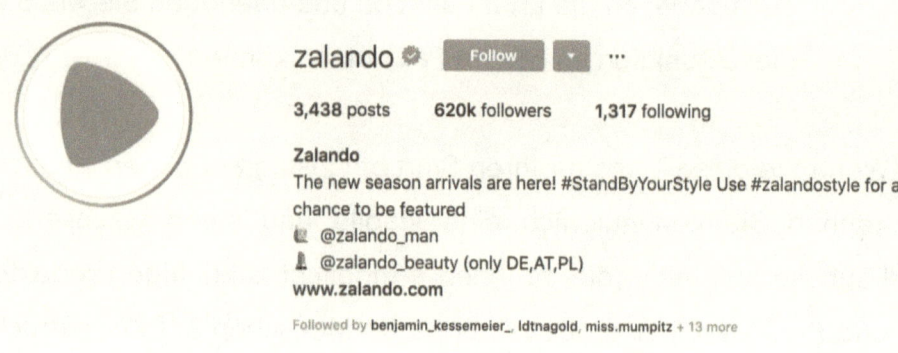

Hier steht: „The new season arrivals here! #StandByYourStyle – Use #zalandostyle for a chance to be featured"

Hier werden zwei Dinge hervorgehoben: Das aktuelle Hashtag wird präsentiert worunter die neuen Styles der Saison zu finden sind. Damit wird angeregt nach dem Hashtag zu suchen, um sich genau die neuen Styles gezielt herauszusuchen.

Weiterhin wird der User mit dem zweiten Hashtag dazu angeregt Content zu produzieren und das Zalando-Hashtag zu nutzen. Als Benefit und Belohnung gibt es die Chance durch Zalando auf dem Zalando eigenen Instagram Profil gefeatured zu werden. Das ist natürlich ein Anreiz, da Zalando bereits 620.000 Follower hat.

Wenn die Menschen dieses Hashtag nutzen hat das für Zalando den Vorteil, dass jede Person, die dieses Hashtag nutzt, automatisch Werbung für Zalando macht *(sogenannter User-Generated-Content, also von den Usern selbst produzierter Inhalt)*. Außerdem werden die Menschen gleich in die Content-Erstellung mit eingebunden, denn wenn jemand ein passendes Bild postet und Zalando dieses Bild aufgreift und im eigenen Feed postet, dann hat Zalando damit automatisch Inhalt erstellen lassen von den Usern und sich damit etwas Arbeit gespart in der Content Produktion.

Außerdem wird in den nächsten zwei Verlinkungen darunter (@zalando_man / @zalando_beauty) direkt auf weitere Profile aufmerksam gemacht was dazu führen kann, dass Personen auch daraufklicken und diesen Profilen folgen.

Darunter ist schlussendlich die Verlinkung zur eigenen Webseite zu finden, was die Menschen direkt in den Shop und im besten Fall zum Kauf führen kann.

Sie sehen: Diese Profilbeschreibung kann gleich mehrere Funktionen ausfüllen. Wenn Sie einfach nur schreiben: „Willkommen in unserem stationären Handel", dann haben Sie hier sehr viel Potenzial verschwendet.

Überlegen Sie sich also wie Sie die Menschen direkt zu einer Interaktion anregen können durch Ihr Profil, was Sie für einen Benefit durch die Profilbeschreibung vermitteln können und verlinken Sie in jedem Fall direkt zu Ihrer Webseite im Profil. Wenn Sie keine Webseite haben, aber dafür ein schönes

Unternehmensvideo oder einen passenden YouTube Kanal, dann verlinken Sie zu diesem Video/Kanal. Führen Sie die Menschen mit Ihrem Link zu einer Stelle, an der diese mehr über Sie und das Unternehmen, die Dienstleistungen und Produkte erfahren können. Nutzen Sie diese Chance und denken Sie über die Profilbeschreibung nach!

Sie haben außerdem im Profil die Möglichkeit ein Profilbild hochzuladen. Hier ist in jedem Fall zu empfehlen Ihr **Unternehmenslogo** zu nehmen, welches dort gut sichtbar positioniert wird und passend eingebaut ist (also in keinem Fall abgeschnitten oder dergleichen, was leider immer wieder zu sehen ist).

Tool-Tipp: Wenn Sie Grafiken wie Logos, Profilbilder und Titelbilder leicht und kostenfrei bearbeiten möchten, dann können Sie das mit dem Programm www.canva.com tun.

11.2.2 Das erste Bild

Wenn die Profilbeschreibung steht, Ihr Logo eingefügt ist und Sie loslegen möchten mit dem ersten Bild, dann fragen Sie sich zunächst in welche Richtung Ihr Instagram Profil aufgebaut sein soll.

Was ist die Strategie dahinter? Welchen Content möchten Sie posten und wie wollen Sie Ihre Ziele und Zielgruppe mit diesem Content langfristig erreichen, an sich binden und anschließend in Ihren stationären Handel bringen.

Glauben Sie mir bitte eine Sache: Wenn Sie lediglich Ihre Produkte aus dem Laden posten, werden Sie keine oder zumindest kaum Menschen in Ihren Laden locken! Vergessen Sie das!

Produkte auf den Boden zu werfen, ein Foto davon zu machen und es hochzuladen ist zwar auch Arbeit, aber diese Arbeit können Sie sich sparen.

Es wird die Menschen nicht so sehr inspirieren, dass diese eine Fahrt auf sich nehmen und in den Einzelhandel kommen.

Wenn Sie Content erstellen für Instagram, dann fragen Sie sich immer, wie Sie mit diesem Inhalt Menschen inspirieren, unterhalten oder eines der anderen Loginfaktoren befriedigen können. Die Menschen loggen sich NICHT bei Instagram ein, um Ihre Produkte zu sehen.

Die Menschen loggen sich aus den am Anfang dieses Buches genannten Loginfaktoren ein und diese Gründe sollten bedient werden. Wenn Sie es schaffen die Menschen zu berühren, dann werden Sie diese Menschen emotional an sich binden und die Menschen werden sich freuen mit Ihnen zu interagieren.

Machen Sie die Menschen zum Teil Ihres Ladens! Lassen Sie doch die Menschen mit dem Laden interagieren. Sammeln Sie doch Ideen durch die Menschen selbst und nutzen Sie dafür die technischen Hilfsmittel von Instagram.

11.3 Loginfaktoren

Gehen wir kurz die verschiedenen Loginfaktoren durch.

Die Menschen wollen inspiriert werden? Dann erzählen Sie doch immer mal wieder etwas von den Schwierigkeiten in Ihrem Laden und wie sie diese meistern, denn ein Handel besteht aus Menschen und Menschen dürfen auch mal Probleme haben und diese überwinden. Solche Stories inspirieren andere Menschen. Erzählen Sie doch wie der Handel entstanden ist. Vielleicht ist es sogar ein Handel in dritter Generation. Wer war der Gründer? Wie war er drauf? Was wurde alles erlebt auf dem Weg bis heute? In ein paar Jahren kommen einige Stories zusammen, die man auf inspirierende Weise weitergeben kann.

Die Menschen wollen unterhalten werden? Dann seien Sie unterhaltsam. Fragen Sie sich wie Sie durch den Einsatz von Inhalten Emotionen triggern und unterhalten können. Fragen Sie sich, ob Sie etwas Lustiges kreieren können. Eventuell Pranks (Streiche auf Neudeutsch) mit Mitarbeitern, Spiele mit Kunden, Shows mit Entertainment Charakter, Gewinnspiele mit der Community. Das erfordert Kreativität, aber das ist essenziell, um Unterhaltung bieten zu können.

Die Menschen wollen etwas lernen?

Dann kreieren Sie Inhalte, die informativen Charakter haben womit die Menschen auf eine einfache Weise etwas dazulernen können. Sie haben beispielsweise einen Fashion Store, dann kommen folgende Inhalte in Frage: Welche Outfits passen momentan gut zusammen? Welche Farben sind im Trend? Wieso sind diese Farben im Trend? Welche neuen Modelle gibt es auf dem Markt? Wie entwickelt sich der Modemarkt momentan? Welche Influencer tragen momentan diesen Style (den man bei Ihnen in Ihrem Laden kaufen kann)? Welche Kunden haben bei Ihnen im Laden coole Styles zusammengestellt? Wie binde ich eine Krawatte richtig? Es gibt darüber hinaus noch so viele Themen!

Diese Inhalte sollte man im besten Fall in kurze **Videos** packen, die nicht zu aufwendig gedreht werden müssen, denn in Videos sind solche informativen Inhalte viel besser zu kommunizieren. Etwas Musik darunter, intelligente Schnitte sowie Einblendungen und Sie haben ein Video mit denen Sie Menschen unterhalten, informieren und an sich binden können.
Wenn Sie an dieser Stelle Hilfe brauchen, dann schreiben Sie mir einfach eine WhatsApp (+4917683756230).

Wir haben auch Konstellationen mit Kunden aufgebaut, bei denen diese uns das Videomaterial senden und wir schneiden es dann nur noch zusammen, machen die Musik und die Effekte rein und daraus wird anschließend ein schönes Video nach Ihren Vorgaben. Das ist eine der zeitsparendsten Methoden wie Sie Videos erstellen können.

Die Menschen wollen kommunizieren?
Dann liefern Sie Inhalte, die zum Kommunizieren anregen. Sie haben in Ihrer Stadt ein Thema, das gerade viele Menschen beschäftigt? Dann beteiligen Sie sich an dieser Diskussion und posten Sie dazu etwas.
Es findet ein Feiertag statt? Dann reden Sie darüber.

Es findet ein lokales Event statt? Dann reden Sie darüber.

Es gibt sonst ein Thema, worüber alle reden. Dann reden Sie mit.

Regen Sie auch zu einer neuen Kommunikation an, indem Sie in Ihrem Beitrag eine Frage stellen und Informationen der User einholen. Je höher die Interaktion mit Ihrem Beitrag ist, desto mehr Menschen wird Ihr Beitrag angezeigt. Nutzen Sie diese Information klug und kreieren Sie interaktionsfokussierte Beiträge.

Bei Instagram können Sie auch Menschen dazu aufrufen andere Menschen (deren Freunde bspw.) unter dem Beitrag zu verlinken. Überlegen Sie sich was für einen Beitrag Sie erstellen können, der genau dazu motivieren soll.

Der Vorteil von Verlinkungen der Freunde ist, dass die User für Sie Werbung machen ohne, dass Sie dafür etwas zahlen müssen. Es muss aber eine gewisse User-Motivation vorhanden sein, um das zu tun und am größten ist die Motivation, wenn die Menschen mit Ihrem Beitrag in irgendeiner Weise emotional berührt werden. Wenn Sie die Emotionen triggern, dann möchten die User diese Emotionen mit ihren Freunden teilen und verlinken diese aus eigener Motivation heraus.

Die User verlinken Ihren Beitrag, mehr Menschen sehen Ihren Beitrag, die Interaktion auf diesem Beitrag steigt, der Instagram Algorithmus merkt sich das und streut Ihre künftigen Beiträge mehr Menschen aus. Dadurch steigern Sie nach und nach Ihre organische Reichweite, weil Sie mit den Menschen in Kommunikation treten.

Die Menschen wollen sich selbst darstellen in den sozialen Medien?

Dann bieten Sie Ihnen eine Plattform für deren Selbstdarstellung. Bei Zalando hat man es in der Profilbeschreibung sehr gut gesehen, wie diese das Thema Selbstdarstellung in ihr Instagram Profil eingebaut haben. Wenn die User ein bestimmtes Hashtag nutzen und auf Zalando ihrerseits aufmerksam machen, dann bekommen Sie die Chance von Zalando präsentiert zu werden. Eine Präsentation durch Zalando würde bedeuten, dass man das Bild des ausgewählten Users an 640.000 Personen präsentiert[15] und das ist natürlich eine Motivation für jeden, der sich in den sozialen Medien selbst darstellen möchte.

Sie können das genauso tun, indem Sie es in Ihre Beiträge integrieren. Rufen Sie zu einem Contest auf oder einem Gewinnspiel und verteilen Sie die attraktiven Gewinne vor einem großen Publikum bei einem Event in Ihrem Laden. Das wäre eine Möglichkeit, um das Thema Selbstdarstellung etwas anzukurbeln.

Es gibt zahlreiche Möglichkeiten wie man an die Selbstdarstellung anknüpfen kann. Seien Sie kreativ und berücksichtigen Sie auch immer wieder diesen Punkt bei Ihrer Content-Erstellung.

---

[15] Theoretischer Wert, da der Algorithmus von Instagram ähnlich wie bei Facebook nur einem Teil der Follower den Inhalt anzeigt (organisch)

11.4 Praktischer Einsatz des Organic Content bei Instagram

Im Folgenden gehen wir die Content-Möglichkeiten bei Instagram durch, die hauptsächlich von Unternehmen, regulären Usern und Influencern genutzt werden und wie Sie diese Möglichkeiten für sich nutzen können, um Ihren stationären Einzelhandel zu präsentieren und Ihre definierten Ziele zu erreichen.

11.4.1 Bilder

Ein guter Bildbeitrag bei Instagram besteht aus mehreren Komponenten:

- Das Bild
  - Es sollte eine Botschaft rüberbringen, möglichst wenig oder kein Text integriert sein und **auffallen**. Die Auffälligkeit sollte tatsächlich gegeben sein, denn Sie müssen sich vorstellen, dass die meisten Personen einfach nur schnell im Feed scrollen und wenn Ihr Bild da nicht ins Auge sticht, dann geht es unter und wird „überscrollt". Wir scrollen pro Tag mit den Fingern durchschnittlich 173 Meter[16] und bleiben nicht oft stehen. Um stehen zu bleiben und den Inhalt bewusst wahrzunehmen, brauchen wir einen guten Inhalt, der ins Auge sticht, uns direkt anspricht und aus dem Raster fällt. Das wird auch gerne „Pattern Interrupt" genannt. Wenn das gewohnte Muster

---

[16] Quelle: https://www.wuv.de/tech/die_deutschen_sind_scrolling_multitasker

durchbrochen wird, dann halten wir an und schauen uns diesen Inhalt an. Beobachten Sie einfach mal sich selbst bei welchen Inhalten Sie stehen bleiben und fragen Sie sich, wieso Sie stehen geblieben sind. Schreiben Sie sich das auf und lassen Sie sich von Ihrem eigenen Verhalten inspirieren.

- Die Story hinter dem Bild
  - o Das Bild allein sollte bereits eine Geschichte erzählen. Was möchten Sie ausdrücken damit? Wie möchten Sie sich in den sozialen Medien präsentieren? Welches Image möchten Sie nach und nach aufbauen? Denken Sie immer daran, dass Sie mit jedem einzelnen Bild etwas ausdrücken und die Wahrnehmung der Menschen beeinflussen. In welche Richtung möchten Sie wahrgenommen werden?

- Qualität
  - o Die Qualität des Bildes sollte gut sein. Es muss nicht perfekt sein, aber es sollte gut sein, sprich nicht verpixelt, verschwommen und unkenntlich. Das ist heutzutage kein Problem mehr und mit jedem regulären Smartphone gut hinzubekommen.

- Authentizität
  - o Wichtiger als die Qualität eines Bildes ist vor allen Dingen die Authentizität des Bildes. Was denken Sie läuft in den meisten Fällen besser: Ein Bild von einem außerordentlich hübschen Model mit Ihren

Klamotten oder eine Ihrer Mitarbeiterinnen in den gleichen Klamotten in Ihrem Laden? Erfahrungsgemäß läuft das zweite Bild besser in den sozialen Medien, das heißt es bekommt mehr Likes und Kommentare und damit mehr Aufmerksamkeit und mehr Reichweite, da es einfach menschlicher und nahbarer ist. Nutzen Sie diese Erkenntnis, denn dadurch sparen Sie an Models und erreichen in jedem Fall mehr Menschen durch Instagram. Authentizität und Ehrlichkeit wird immer belohnt.

- Timing und Relevanz
  - Das Timing der Beiträge war mal eine Zeit lang essentiell für den Erfolg und die Reichweite der Beiträge. Mittlerweile ist es nicht mehr so von hoher Bedeutung, da der Facebook- und Instagram-Algorithmus die Beiträge immer mehr nach Relevanz als nach Zeitpunkt der Beitragserstellung ausstreut. Das kennen Sie sicherlich, wenn Sie selbst in den Instagram-News-Feed (bei Facebook genauso) reinschauen. Dort sehen Sie beim Scrollen Beiträge, die vor 2 Minuten gepostet wurden, dann einen Beitrag von vor 2 Tagen und dann wieder einen Beitrag vor einer Stunde und das Ganze ist nicht chronologisch sortiert, da der Algorithmus bei Instagram die Beiträge für Sie reserviert, bis Sie sich wieder einloggen und es Ihnen dann anzeigt, wenn der Beitrag als relevant für Sie eingestuft wird. Das

bedeutet für Sie: Achten Sie **unbedingt** darauf mit welcher Art von Beiträgen Ihre Zielgruppe mit Ihnen interagiert. Hören Sie genau auf Ihre Zielgruppe und beobachten Sie die Likes und Kommentare. Sie werden dann schon merken auf was Ihre User so stehen. Geben Sie ihnen dann mehr davon!

- Zielgruppengenauigkeit
  - o Die Zielgruppengenauigkeit hängt stark mit der Relevanz zusammen. Ihr Beitrag sollte genau an die Zielgruppe (und deren Loginfaktoren) angepasst sein und Sie werden mit höheren Reichweiten belohnt.

- Zielgenauigkeit
  - o Verlieren Sie auch niemals Ihr übergeordnetes Ziel aus den Augen. Wenn ein Beitrag erstellt wird, dann sollte er immer so aufgebaut sein, dass es auch zielführend ist. Wenn Ihr Ziel lautet „In den nächsten 6 Monaten 200 neue Kunden in den stationären Handel bringen", dann fragen Sie sich wie Sie die Beziehungsphasen „KNOW, LIKE & TRUST" bestmöglich mit Ihren nächsten Beiträgen umsetzen können, um damit nach und nach das Vertrauen der Menschen zu gewinnen und diese Anzahl an Personen in den Laden führen zu können. Definieren Sie Ihr Ziel auch SMART (siehe SMART-Zielsetzung unter Google). Es sollte in jedem Fall spezifisch und innerhalb einer bestimmten Zeitspanne erreichbar sein. Das ist sehr wichtig, um das Ziel auch später mit

den Ergebnissen genau abzugleichen. Je nach Zielformulierung lauten Ihre Handlungsaufforderungen (Call To Action) bei den Beiträgen anders. Wenn Sie mehr User auf Ihre Webseite bringen wollen, dann sollten Ihre Handlungsaufforderungen immer wieder darauf aufmerksam machen, dass die Leute auf die Webseite gehen sollen. Wenn Sie mehr Nachrichten erhalten und in Interaktion treten möchten, dann sollten Sie die Leute dazu aufrufen Ihnen eine Nachricht zu schreiben. Wenn Sie mehr Anrufe erhalten möchten, dann sollten Sie immer wieder in Ihren Beiträgen dazu motivieren Sie im Laden anzurufen usw. Die Wortwahl hängt also stark von Ihrer Zielsetzung ab. Achten Sie darauf.

- Der Benefit für den User
  - Jeder Beitrag, den Sie posten, sollte einen Benefit für den User beinhalten. Der Benefit wird vor allen Dingen erfüllt, wenn Sie eines der genannten Loginfaktoren berücksichtigen und die Menschen mit Ihrem Beitrag emotional berühren oder sie mit dem Beitrag bereichern in Form von Gewinnspielen, Rabatten, besonderen Aktionen oder interessantem Wissen / einer interessanten Story. Der Kunde fragt immer bewusst oder unbewusst bei jedem Ihrer Beiträge „Was habe ich davon?". Wenn Sie nun einfach einen Schuh fotografieren und den Preis in

der Bildbeschreibung reinnehmen, dann ist nicht
ganz klar was der Mensch davon hat. Es sollte
vielmehr beschrieben werden, was genau für ein
Benefit zu erwarten ist durch diese Schuhe/Ihren
Beitrag.

- Die Caption
    - In der Caption, also in der Bildbeschreibung, finden
      Sie den Platz Ihren Gedanken freien Lauf zu lassen
      und die Menschen „in den Text zu ziehen". Die Kunst
      des „Copywriting" ist die Kunst des
      verkaufsorientierten Schreibens (Werbetexten).
      Auch wenn Sie mit dem Beitrag nichts verkaufen,
      verkaufen Sie trotzdem durch die Gefühle, die Sie in
      den Menschen auslösen, während diese Ihren Text
      durchlesen. Jeder Bildbeitrag sollte möglichst in der
      Form geschrieben sein wie ein
    - guter Zeitungsartikel. Eine aussagekräftige Headline
      soll das Interesse des Users wecken, ein Text mit
      Tiefgang den User „bei der Stange" halten, ein
      Benefit soll dem User vermitteln was er oder sie
      davon hat und ein Handlungsaufruf (CTA) soll am
      Ende dazu führen, dass eine Interaktion mit dem
      User in eine bestimmte Richtung gesteuert wird
      (siehe Zielsetzung). Sagen Sie dem User am Ende
      der Caption genau was er tun soll. Eine Caption hat
      also im besten Fall immer eine Headline, den
      Haupttext und ein interaktives Ende.

- Die Hashtags
  - Die Hashtags bei den Instagram Beiträgen sind ein Muss und sollten klug gewählt sein. Hashtags haben immer einen Suchcharakter. Überlegen Sie dabei umgekehrt: Worunter möchten Sie innerhalb der „Instagram-Biosphäre" gefunden werden? Nach Hashtags können User konkret suchen und sie können auch diesen Hashtags folgen. Wenn Sie zum Beispiel einen stationären Handel in Frankfurt haben, dann setzen Sie unter Ihre Beiträge das Hashtag **#frankfurt**. Hier besteht die Wahrscheinlichkeit, dass es Personen gibt, die dem Hashtag **#frankfurt** folgen und unter Umständen wird Ihr Beitrag genau diesen Menschen angezeigt. Daraufhin könnte es passieren, dass diese Menschen, die vorher nie etwas mit Ihnen zu tun hatten, auf Ihr Profil und Ihren Handel aufmerksam werden. Hashtags können Sie für jeden Beitrag nutzen und machen Sie daraus eine Kombination aus lokalen Hashtags sowie fachbezogenen Hashtags wie zum Beispiel (wenn Sie Schuhhändler sind) #schuhe, #schuhmode und weitere themenspezifische Hashtags. Nutzen Sie ruhig 10 relevante Hashtags oder mehr, denn jedes Hashtag mehr steigert die Wahrscheinlichkeit gefunden zu werden. Eigens erfundene Hashtags ergeben lediglich Sinn, wenn Sie um das Hashtag herum eine Aktion bauen, denn unter einem eigenen

Hashtag, welches nur Sie benutzen, wird Sie niemand so ohne Weiteres finden.

- Die Tags
  - Die Tags sind eine gute Möglichkeit von der Reichweite anderer Profile zu profitieren. Haben Sie beispielsweise einen Hugo Boss Anzug, den Sie an einem Ihrer Mitarbeiter präsentieren möchten, weil es neu in Ihrer Kollektion angekommen ist, dann könnten Sie beispielsweise das Hugo Boss Instagram Profil in Ihrem Beitrag verlinken. Dadurch werden Sie automatisch im Hugo Boss Instagram Profil bei deren Erwähnungen/Markierungen angezeigt, was dazu führen kann, dass Personen, die dem Hugo Boss Instagram Profil folgen auf Ihr Profil aufmerksam werden. Vergessen Sie dabei nur nicht die Anmerkung in Ihre Caption mit reinzunehmen „Werbung, da die Marke Hugo Boss verlinkt wurde im Beitrag". Dadurch sind Sie rechtlich sicher in der Beitragskennzeichnung. Arbeiten Sie mit Tags und Sie werden eventuell mehr Reichweite generieren.

- Geolocation
  - Sie können auch Ihren Standort in den Beitrag mit reinnehmen und wenn Sie einen stationären Handel haben, dann macht das absolut Sinn. Es gibt im Userverhalten auch Menschen, die nach Standorten suchen und wenn Sie immer Ihren Standort angeben bei Ihren Beiträgen, dann kann das dazu führen, dass

jemand durch die Standortsuche auf Ihr Instagram Profil aufmerksam wird. Nutzen Sie dieses Feature in jedem Fall bei jedem Ihrer Beiträge.

Denken Sie bei all diesen Punkten immer daran, dass Sie nicht die Produkte in den Vordergrund stellen (vor allem nicht am Anfang Ihres Social Media Lebens), sondern Bilder posten, die inspirierend, unterhaltsam, informativ und/oder kommunikativ sind. Das bedeutet zwar nicht, dass Sie nicht auch indirekt auf Produkte aufmerksam machen können, aber es sollte nicht der Fokus sein.

11.4.2 Reguläre Videos im Feed

Reguläre Videos in Ihrem Instagram Feed haben eine anziehende Wirkung auf die Menschen. Sie haben die Möglichkeit über Instagram in Videoform Ihre Botschaft deutlicher und leichter zu vermitteln.

Nutzen Sie das! Mit einem regulären Video haben Sie eine Minute Zeit etwas auszudrücken und machen Sie sich dabei nicht verrückt. Nutzen Sie diese eine Minute, um etwas Wichtiges zu vermitteln und tun Sie das authentisch. Machen Sie sich am Anfang weniger Gedanken darum, wie es technisch umgesetzt werden soll, ob Einblendungen rein müssen, tolle Musik unterlegt sein und das Video geschnitten werden soll etc. Machen Sie sich nur um Ihre Botschaft Gedanken, nehmen Sie das Handy in die Hand und vermitteln Sie diese Botschaft und stehen Sie dahinter. Wenn Sie selbst an sich glauben, dann werden auch andere Personen an Sie und Ihre Message glauben. Das kann gut genutzt werden und erfahrungsgemäß interagieren immer mehr Menschen mit Videos und bauen durch die Videos bei Instagram eine bessere Verbindung zur Marke/zu Ihrem stationären Handel auf als mit einem Bild.

Aufgabe: Machen Sie sich heute Gedanken darüber welche Themen Sie in einer Minute in Videoform rüberbringen könnten und schreiben Sie sich diese Themen auf. Als Nächstes nehmen Sie das Handy in die Hand oder geben es einer Person in die Hand und nehmen Sie das Video einfach auf! Es kommt vor allem darauf an, dass Sie starten und alles andere wird sich dann mit der Erfahrung und durch die Resonanz Ihrer Community ergeben.

11.4.3 Stories

Stories sind die stärkste Contentform, die Sie bei Instagram nutzen können und es ist einerseits so leicht, andererseits aber auch so schwer es (richtig!) umzusetzen.

Mit dem Begriff „stark" ist übrigens gemeint, dass diese Form des Inhalts zum einen die Menschen am intensivsten an Sie und Ihr Unternehmen binden kann und zum anderen rein technisch die höchste Reichweite generiert.

Wieso sind Stories nun die „stärkste" Contentform bei Instagram?

Das liegt daran, dass Sie ganz persönlich mit den Menschen über Stories kommunizieren können.

Gehen wir das Ganze mal step by step durch.

Was sind Stories?

Mit Stories haben Sie die Möglichkeit Geschichten in Video- und Bildform bei Instagram hochzuladen. Sie haben zum Beispiel ein Event im Laden und können dann früh morgens das Handy in die Hand nehmen, ein (**vertikales!**) Video von sich drehen und in das Handy sprechen, als ob Sie mit einer nahestehenden Person sprechen. Sie reden darüber, dass Sie heute in Ihrem Laden ein Event haben, dass Sie sich darauf freuen auf die Eindrücke und Erlebnisse, zählen die Benefits auf für die Person, die vorbeikommen könnte und machen daraus eine Geschichte, also eine Story.

Diese Videos sind immer maximal 15 Sekunden lang und bleiben 24 Stunden bestehen. Danach werden diese Stories automatisch wieder gelöscht.

Das hat einen unbewussten Dringlichkeits- und Knappheitseffekt, wodurch die Menschen eher geneigt sind diese Stories anzuschauen und sich damit zu beschäftigen.

Die Menschen sind sozusagen nahezu live dabei, wenn Sie gerade etwas tun und diese soziale Form der Just-in-time Interaktion mit Ihren Usern wird von Instagram mit guten organischen Reichweiten belohnt.

Bei manchen meiner Kunden haben wir hier eine 50% Reichweite in den Stories erzielt, sprich die Hälfte aller Follower auf Instagram klickt immer in die Stories rein, wenn wir eine rausbringen.

Stories können dabei in Videoform (zu empfehlen!) oder Bildform kreiert werden.

Gute Beispiele für Stories finden Sie bei einer meiner Seminar-Teilnehmerinnen: https://www.instagram.com/bettenhausdecher/

Frau Decher baut in den Stories immer wieder eine gute persönliche Beziehung zu ihren Kunden auf und das verhilft ihr derzeit in der Pandemie per Click and Collect / Call and Collect und darüber hinaus das Geschäft aufrechtzuerhalten.

Achten Sie darauf, dass Ihre Story, egal ob Video- oder Bildform, nicht nur eine kontextlose Aneinanderreihung von Inhalten ist, sondern ihrem Namen gerecht wird: **Eine Geschichte! Dabei spielt die Länge dieser Geschichte keine Rolle.**

Wenn Sie sich heute dazu entscheiden eine Story zu kreieren, überlegen Sie sich wie Sie einen Anfang kreieren, der Ihre User fesselt, dabei zu bleiben. Das kann etwas Spannendes sein oder Sie erzählen dem User was in dieser heutigen Story so zu erwarten ist. Wichtig ist, dass es einen Anfang gibt, der den Spannungsbogen langsam aufbaut.

Danach geht es in den Mittelteil der Story über und am Ende Ihrer Story sollte es immer einen Call-To-Action geben, also einen Handlungsaufruf zu einer gewissen Aktion, zum Beispiel in Ihrem Profil auf einen bestimmten Link zu klicken.

Das hat sich in der Praxis als durchaus bewährt gezeigt und es ist auch logisch, dass dies klappt, denn Menschen haben sich schon immer Geschichten erzählt, dadurch gelernt und wenn es spannende Geschichten sind mit einem Anfang, Mittelteil und Ende, dann hören die Menschen auch bis zum Ende zu und merken sich diese Geschichte. Dadurch entsteht eine emotionale Verbindung zu Ihrem Unternehmen und es bleibt im Kopf. Das bleibt besser im Kopf als ein kontextloser Inhalt, zum Beispiel einfach ein Bild von einem Schuh oder einem Outfit.

11.4.4 Welche Geschichte können Sie erzählen?

Es kann etwas völlig Normales sein, was Sie aber durch ein bisschen Kreativität aufpeppen und damit einen Spannungsbogen aufbauen. Auch an einem ganz normalen Montag fällt Ihnen sicher ein kleines „Abenteuer" ein, welches Sie innerhalb der Stories mit Ihren Followern teilen können. Schauen Sie sich Beispiele von @jessedriftwood an oder von @garyvee und lassen Sie sich davon inspirieren, auch wenn es etwas Off-Topic ist und die zwei Personen aus einer anderen Branche sind als Sie. Trotzdem können Sie deren Kreativität aufnehmen und auf Ihre Branche transferieren.

Zudem haben Sie noch die Möglichkeit LIVE Stories zu schalten. Das ist eine noch interaktivere und sozialere Form der Geschichtenerzählung.

Sie sind dann tatsächlich LIVE in diesem Moment zu sehen und Ihre Follower können mit Ihnen direkt interagieren. Diese Vorgehensweise wird von Instagram mit mehr Reichweiten belohnt. Wenn Sie LIVE gehen, dann bekommen Ihre Follower eine Push-Benachrichtigung, dass Sie gerade LIVE gegangen sind und Instagram macht so auf Sie aufmerksam in diesem Moment. Das führt zu höheren Reichweiten in diesem Moment und die Leute schauen Ihnen LIVE zu. Sie können Fragen stellen, etwas Präsentieren, die Leute zu einer bestimmten Handlung aufrufen und was Ihnen sonst noch einfällt. Wichtig ist auch hier, dass Sie ein Konzept und einen Plan haben und nicht undurchdacht in die LIVE Session reingehen. Seien Sie etwas vorbereitet und reden Sie über das Thema, über welches Sie sprechen möchten. Stellen Sie sich vor, dass Sie gerade vor einer Gruppe Personen referieren oder ein Seminar halten. So ähnlich ist die Situation, wenn Sie Instagram LIVE nutzen, bloß in virtueller Art und Weise.

Wenn Sie danach die LIVE Session posten, bleibt Ihr LIVE Video für weitere 24 Stunden verfügbar auf Instagram und Ihre Follower sehen das mit hoher Wahrscheinlichkeit in deren Vorschlägen, wenn sie Online gehen. Nutzen Sie also auch Instagram LIVE für bestimmte Events in Ihrem Laden, für Präsentationen, Gewinnspiele und andere Dinge, die Ihnen einfallen. Hauptsache es gibt eine Geschichte drum herum und ein Konzept dahinter.

Die LIVE Stories sowie die „normalen" Stories sind immer begrenzt verfügbar, das heißt für 24 Stunden. Sie können aber auch ihre „normalen" Stories für immer verfügbar machen und in Ihrem Profil einen besonderen Platz geben. Das sind die sogenannten **Story Highlights**. Registrieren Sie Ihren Instagram Account und probieren Sie es einfach aus. Lernen Sie die technischen Funktionen von Stories und LIVE Stories kennen und Sie werden sehen, dass Ihnen noch viel einfallen wird, wie Sie es für Ihren stationären Handel nutzen können. Es erfordert Kreativität und Arbeit, aber wenn Sie die in diesem Buch beschriebenen Grundprinzipien kennengelernt und verinnerlicht haben, dann werden Sie automatisch gute Stories produzieren und durch das Feedback Ihrer Follower immer besser werden. Denken Sie immer an die **Loginfaktoren**, die vier **strategischen Schritte** einer Online Marketing Strategie, die **drei Kundenbindungsphasen** und die weiteren Prinzipien, die hier beschrieben worden sind.

11.4.5 Story-Highlights

Story Highlights haben den Zweck die Stories für immer in Ihrem Profil zu verankern, die Sie besonders hervorheben möchten.

Nehmen wir an Sie haben Personen, Informationen oder allgemeine Situationen, die Sie Ihren Followern immer zur Verfügung stellen möchten, dann können Sie das wunderbar mit den Story Highlights machen. Ein Story Highlight produzieren Sie, indem Sie zunächst eine ganz „normale" Instagram-Story erstellen. Diese Story können Sie nach der Erstellung in ein neues Story-Highlight-Thema umwandeln oder in ein bestehendes Story-Highlight-Thema schieben. Diese Highlights werden meist nach Themen sortiert, wie Sie hier im folgenden Beispiel von Zalando sehen:

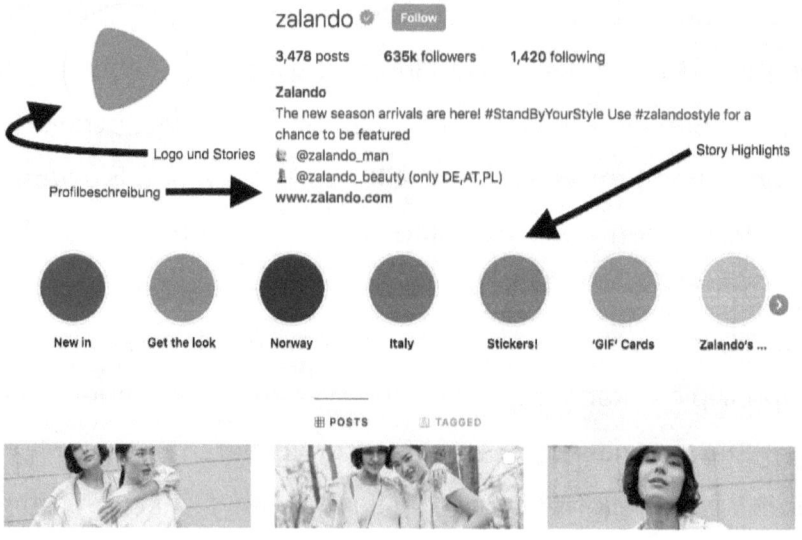

Nehmen wir weiterhin an Sie haben mehrere Filialen. Dann könnten Sie pro Filiale ein Story Highlight erstellen und in dieser Story jeweils zeigen was die Filiale ausmacht, diese Filiale präsentieren, das Team und die Produktbereiche in diesen Filialen vorstellen.

Was ebenso ins Story Highlight positioniert werden kann, ist das Impressum. Das könnte als Screenshot in ein Story Highlight mit dem Thema „Impressum" aufgenommen werden.

Sie haben nur eine Filiale? Kein Problem: Dann nutzen Sie die Highlights eben für die Events, zeigen Sie Ihre Kunden, zeigen Sie Mitarbeiter, zeigen Sie neue Produkte darin und seien Sie kreativ. Es gibt einige Themen, die Sie für immer in den Story Highlights positionieren können, um Ihrem Profil einen gewissen Charakter und eine Persönlichkeit zu geben. Nutzen Sie diese Chance.

11.5 Umfragen

Mit den Umfragen, welche Sie in die Stories positionieren können, haben Sie die Möglichkeit die Personen zum Teil Ihres Ladens und Geschehens zu machen. Fragen Sie doch einfach Ihre Fans was sie gut finden, was sie sich gerne wünschen, was gekauft und getan werden soll.

So können Sie anhand der Umfrageergebnisse erkennen was gut und was nicht so gut ankommt und danach Ihre Tätigkeiten ausrichten.

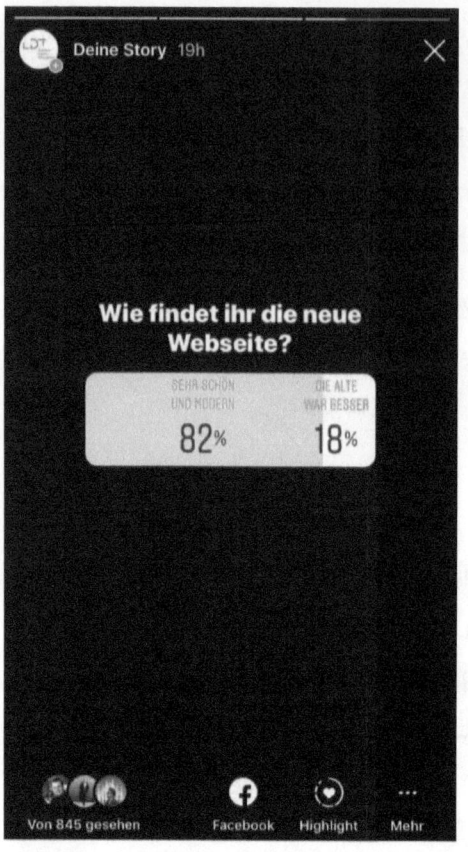

Mit dieser Beteiligung der Menschen schaffen Sie es die Personen zum Teil des Ladens zu machen und damit schaffen Sie automatisch eine bessere Verbindung zu ihnen und Ihrem Unternehmen. Die Menschen haben das Gefühl mitzubestimmen und etwas zu beeinflussen, werden also zu „Influencern" des Ladengeschehens. Das ist eine gute Möglichkeit Ihren Fans dieses Gefühl zu geben. Nutzen Sie es.

11.6 IGTV

Mit dem Feature IGTV („Instagram TV") haben Sie nun die Möglichkeit auch längere Videos auf Instagram hochzuladen. Bis vor kurzem gab es nur die Möglichkeit 1 Minute lange Videos hochzuladen und nun ist es so, dass mit IGTV 15 Minuten lange Videos möglich sind. Wenn Sie einen offiziellen Account mit dem blauen Haken haben, dann sogar bis zu 60 Minuten.

Wenn Sie gute Videos haben, dann posten Sie diese doch einfach in den IGTV-Bereich und schauen Sie sich die Aufrufzahlen an. Testen Sie diesen Bereich, denn mit längeren Geschichten/Videos können Sie auch mehr erzählen und eine noch bessere und intensivere Verbindung zu Ihrer Community nach und nach aufbauen.

Beispielsweise könnten Sie Tutorial Videos erstellen („Wie stelle ich das aktuelle Sommeroutfit zusammen", „Wie binde ich eine Krawatte richtig?", „Was sind die neuesten Trends?", „Welche neuen Marken gibt es in Ihrem Laden?" usw.) und diese Videos dann in den IGTV-Bereich hochladen. Die Leute erhalten durch solche Videos einen gewissen Mehrwert und die Beziehung wird weiter ausgebaut.

Anmerkung: Immer, wenn Sie ein neues Feature bei einer der sozialen Plattformen entdecken, dann versuchen Sie dieses für sich zu nutzen. Sie können sich sicher sein, dass die Plattformen die Nutzung dieser Features positiv bewerten und Sie mit höheren organischen Reichweiten belohnen. Wieso? Ganz einfach: Es werden hohe Gehälter für Entwickler gezahlt und manchmal kostet es Millionen bis mal so etwas aufgebaut ist wie der IGTV-Bereich oder seit Mitte 2020 der REELS-Bereich. Dieses Geld soll sich natürlich auch refinanzieren und das wird nur dann passieren, wenn genügend Menschen dieses Feature nutzen. Damit genügend Menschen dieses Feature nutzen, muss die Plattform diesem Feature auch eine höhere organische Reichweite geben. Eine logische Konsequenz.

Nutzen Sie auch dieses Feature und seien Sie unter den Ersten. Meistens ist es dann auch so, dass der neue Bereich eine längere Zeit werbefrei bleibt, wie es aktuell beim IGTV Bereich ist/war (je nachdem wann Sie dieses Buch lesen).

Aktuell, während ich diese Zeilen schreibe, ist der Bereich werbefrei, aber es wird der Tag kommen, an dem auch Werbung zwischendrin geschaltet und im Business Manager als Platzierung ausgewählt werden kann, denn es ist nur logisch, dass sich diese Bereiche refinanzieren müssen eines Tages.

Nutzen Sie die neuen Features also direkt zu Beginn und so werden sie in einer werbefreien und von Instagram geförderten Zone Ihre Inhalte präsentieren können.

Viel Spaß dabei!

11.7 Instagram Reels

Genau solch ein „neuer" Bereich ist Instagram Reels. Mitte 2020 wurde Instagram Reels ins Leben gerufen und hat den Zweck noch mehr Unterhaltung zu bieten in Form von kurzen Videos (15-30 Sekunden), die meist mit Musik unterlegt sind.

Der direkte Konkurrent, auf dessen Basis Reels entwickelt wurde, ist TikTok. Wenn Sie TikTok noch nicht kennen, dann schauen Sie sich mal bei YouTube das ein oder andere Video von TikTok an oder laden Sie sich die App direkt herunter.

Dieser Bereich wird jetzt aktuell vom Instagram Algorithmus stärker gefördert als manch andere Formate. Sie haben die Möglichkeit mit Reels neue Zielgruppen zu erreichen, Ihrer Kreativität freien Lauf zu lassen und sich zu überlegen, wie Sie das Format für Ihren individuellen Bedarf richtig umsetzen können. Nutzen Sie die Chance dieser Reichweiten. Wenn ein neues Feature kommt, dann probieren Sie dieses neue Feature aus und entwickeln das Ganze Schritt für Schritt.

Bei der bereits angesprochenen Frau Decher vom Bettenhaus Decher war es so, dass die Videos mit der größten Reichweite die Instagram Reels waren und auch jetzt noch sind.

Nachteil der Reels ist, dass diese lediglich auf organisches Wachstum ausgelegt sind. Sie können derzeit keine Reels bewerben und Sie können sich auch nicht mit Werbung bei Reels positionieren. Das wird sicherlich noch ausgebaut werden, aber das ist aktuell der Stand Anfang 2021.

11.8 Hashtags

Bei der Nutzung der Hashtags gibt es immer unterschiedlichste Meinungen wie das verwendet werden soll und es gibt zahlreiche Theorien. Da es zahlreiche Theorien gibt, gibt es hier auch keine absolute Wahrheit. Absolute Wahrheiten haben nämlich nur eine Theorie. Das bedeutet: Fragen Sie 10 Experten zum Thema Hashtags und Sie bekommen 10 unterschiedliche Meinungen. Ich gehe hier von einem gesunden Menschenverstand aus bei meiner Theorie, die auf meinen bisherigen Erfahrungen, den relevanten Studien und den Erfahrungen größerer Influencer beruht.

Diese Hashtags werden generell genutzt, um darüber innerhalb des Mediums Instagram nach bestimmten Themen und Kategorien zu suchen. Stellen Sie sich vor jedes Bild auf Instagram wird kategorisiert und Sie könnten es mit einer gezielten Suchanfrage wiederfinden. Genauso ist das auch, nur entscheidet derjenige, der das Bild postet, ob und wie sein Bild später unter welcher Kategorie wiedergefunden wird. Nehmen wir an Sie haben einen stationären Handel und verkaufen darin Dekoration. Sie posten ein Bild auf Instagram und nutzen das Hashtag **#deko**. Das Hashtag wird also immer unter das Bild geschrieben oder in die Kommentare unter dem Bild.

Jetzt ist Ihr Beitrag kategorisiert und andere Personen könnten Sie nun unter dem Hashtag finden, wenn sie nach **#deko** suchen innerhalb von Instagram. Das könnte dazu führen, dass neue Zielgruppen auf Ihr Profil aufmerksam werden, weil Sie thematisch nach solchen Hashtags suchen und bei Ihrem Beitrag landen.

Wenn diesen Zielgruppen Ihr Beitrag gefällt, dann schaut sich die Person Ihr Profil an und wird unter Umständen ein neuer Fan/Follower.

Sie sehen also: Mit Hashtags haben Sie die Möglichkeit Ihr Bild thematisch zu organisieren und später wiedergefunden zu werden. Nutzen Sie diese Möglichkeit. Darüber hinaus haben Sie die Möglichkeit bis zu 30 Hashtags (Themen) unter Ihr Bild zu posten. Das würde nur Sinn machen, wenn Sie es auch schaffen 30 wirklich relevante „Themenbegriffe" für Ihren Beitrag zu finden. Die Praxis zeigt, dass meisten nach maximal 10 Themen die Luft aus ist und die weiteren Begriffe nur noch weitläufig etwas mit dem Bild zu tun haben.

Vermeiden Sie diese Situation. Nutzen Sie also Begriffe, die sinnvoll sind.

Nehmen wir an Sie sind ein stationärer Händler in der Stadt Pforzheim, der Schuhe verkauft. Dann könnten Sie beispielsweise die folgenden Hashtags nutzen:

#pforzheim

#bretten

#badwildbad

#birkenfeld

#brötzingen

#schuhliebe

#schuhe

#schuhhandel

Das wäre eine mögliche Auswahl für Hashtags unter Ihrem Beitrag. Sie sehen es werden vor allen Dingen geografische Hashtags genutzt, um die Menschen neu zu erreichen, die danach schauen was es in dem Ort so Neues gibt. Jemand aus Pforzheim wird sicher mal selbst nach #pforzheim suchen (weil es einfach naheliegend ist) und dann schauen was es da gibt. Dort könnte die Person dann auf Ihr Profil stoßen und im besten Fall zu einem neuen Follower werden. Die anderen Hashtags sind ebenfalls geografisch genutzt sowie fachlich mit dem Themenbereich Schuhe verknüpft.

Um noch mehr Inspiration zu erhalten können Sie natürlich schauen was die Mitbewerber so im Umfeld machen und wie diese die Hashtags nutzen. Übernehmen Sie dort die Hashtags, die auch zu Ihrem Handel passen würden.

Das Hashtag können Sie auch noch in Ihr Profil setzen, welches am besten zu Ihnen passt oder wenn Sie ein eigenes Hashtag erfunden haben.

Von einem eigenen Hashtag dürfen Sie sich per se übrigens nicht zu viel erwarten. Das eigene Hashtag ergibt nur einen Sinn, wenn Sie es mit einem Gewinnspiel oder Contest verbinden. Da Sie ja nun wissen, dass Hashtags zum Suchen verwendet werden, von außenstehenden Personen und potenziellen Zielgruppen, dann können Sie sicher logisch nachvollziehen, dass diese Menschen Ihr erfundenes Hashtag nicht suchen werden, da sie es einfach nicht kennen.

Wenn sie es aber bekannt machen mit Hilfe eines Gewinnspiels, dann können Sie sich mit einem eigenen Hashtag innerhalb von Instagram und innerhalb Ihrer Community nach und nach profilieren. Irgendwann werden die Personen anfangen Ihr Hashtag auch dann zu nutzen, wenn es kein Gewinnspiel gibt und das ist natürlich sehr attraktiv und spricht für Sie. Die Personen machen dann automatisch für Sie Werbung und erhöhen Ihre Chance wahrgenommen zu werden.

Beim Zalando Screenshot weiter vorne in diesem Buch sehen Sie wie Zalando sein eigenes Hashtag nutzt, um Reichweite zu bekommen. Zalando schreibt im Profil „Use #zalandostyle for a chance tob e featured". Das bedeutet: Wenn die Personen das Hashtag #zalandostyle nutzen, dann bekommen sie eine Chance von Zalando gefeatured und verlinkt zu werden, was natürlich in der Welt der Selbstdarstellung heutzutage ein großer Anreiz ist, denn Zalando hat über 1Mio. Follower. Wenn ich also ein Bild in meinem privaten Profil poste und das Hashtag von Zalando nutze, Zalando darauf aufmerksam wird und mein Bild in deren Instagram Profil postet, dann sehen mich Tausende von Personen und das schmeichelt meinem Ego. Darum geht es bei dieser Geschichte.

Das ist bei Zalando natürlich ein Anreiz, weil diese so viele Follower haben. Bei Ihrem Profil am Anfang wird das kein Anreiz sein, wenn Sie gerade mal ein paar Hundert Menschen haben, die Ihrem Profil folgen.

Überlegen Sie sich dann stattdessen ein Gewinnspiel im Sinne eines Einkaufsgutscheins oder bestimmten Produkten, die man gewinnen kann, um Ihr Hashtag zu etablieren.

Bei Hashtags ist auch zu empfehlen nicht so bekannte Hashtags zu nutzen. Das Problem bei sehr großen Hashtags ist, dass die ganze Welt diese Hashtags nutzt. Es werden in Bruchteilen von Sekunden zahlreiche Bilder hochgeladen mit dem Hashtag **#fun** beispielsweise. Wenn Sie nun dieses Hahstag nutzen für Ihr Bild, dann wird das eventuell genau in dieser Sekunde bei dem Suchenden in der Übersicht erscheinen, wenn jemand genau in diesem Moment danach sucht, aber Sie können sich sicher sein, dass Ihr Bild dann auch innerhalb der nächsten Sekunde wieder dort weg ist. Es ist also keine wirklich nachhaltige Strategie sich mit solchen Hashtags zu positionieren. Lieber thematisch bezogene, kleinere, spezifische Hashtags nutzen und das auch noch in der Sprache Ihrer Hauptzielgruppe. Wenn Sie also in Deutschland leben und Produkte verkaufen an Kunden, die deutsch sprechen, dann nutzen Sie auch deutsche (oder eingedeutschte) Hashtags, damit sie thematisch die Leute erreichen, die Sie erreichen möchten. Vor allem bringen Ihnen globale Hashtags nicht allzu viel, falls Sie einen stationären Handel führen, denn eine Person aus New York wird vermutlich nicht am nächsten Tag Ihren Laden im Schwarzwald aufsuchen.

Variieren Sie auch mit den spezifischen Hashtags bei jedem Beitrag und überlegen Sie sich aufs Neue was diesmal gut passen könnte, um wirklich zielgenaue Hashtags aufzubauen und individuell zu nutzen. Die geografischen Hashtags können ja bestehen bleiben und alle anderen fachlich bezogenen Hashtags variieren. So werden Sie nach und nach Ihre Zielgruppe erreichen, die spezifisches Interesse an Ihnen, Ihrem Handel, Ihren Produkten und Dienstleistungen haben.

Wissenschaftliche Hintergründe und die neuesten Statistiken sowie Erkenntnisse zu Hashtags finden Sie auch in der aktuellen Studie von QUINTLY. Schauen Sie einfach mal rein und googlen Sie „quintly studie", um diese zu finden.

11.9 Personen- und Marken-Tagging

Das Personen- und Marken-Tagging ist eine Form des Marketings, um wiederum die Reichweite des Beitrags zu erhöhen. Mit der

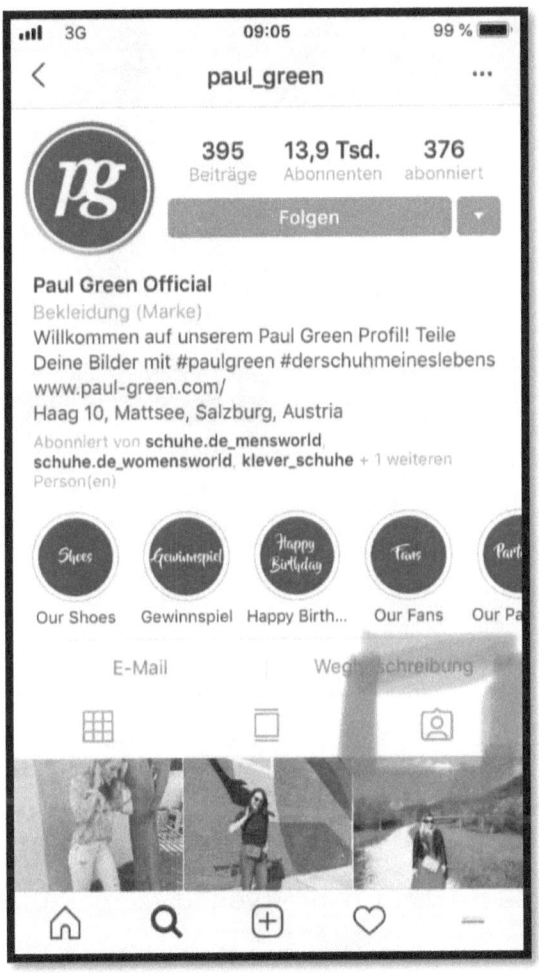

Funktion des Taggings haben Sie die Möglichkeit ein externes Instagram Profil in Ihrem Beitrag zu verlinken. Beispielsweise posten Sie einen Beitrag mit einem Schuh. Der Schuh ist von der Marke Paul Green. Dann könnten und sollten Sie das Instagram Profil von Paul Green direkt auf Ihrem Bild oder Ihrem Video und unter Ihrem Beitrag verlinken.

Das führt zu mehreren Effekten. Zum einen könnte es sein, dass Paul Green auf Ihren Beitrag aufmerksam wird und es selbst in deren Story postet und so wieder auf Sie aufmerksam macht. Das könnte zu neuen Fans führen.

Zweitens erscheinen Sie mit Ihrem Beitrag in dem Verlinkungsbereich von Paul Green und alle Fans von der Marke Paul Green, die sich in diesen Bereich reinklicken, sehen unter Umständen Ihren Beitrag (siehe rot markierter Bereich im Bild).

Vor allem aber die Möglichkeit gesehen und bewusst geteilt zu werden von einer Marke ist so attraktiv, weil Sie es dadurch schaffen könnten mehr Reichweite und damit mehr Follower zu erhalten.

Sie haben also viel Luft nach oben und mit jedem weiteren sinnvollen Tagging erhöht sich die Chance von diesem Profil gefeatured zu werden. Übertreiben Sie es nur nicht und taggen Sie vor allem keine Personen, die das nicht möchten. Wenn Sie das ständig tun, dann könnte es auch sein, dass jemand Ihr Profil meldet.

Wenn Sie es gemäßigt tun, dann sind Sie auf der sicheren Seite. Rechtlich ist es derzeit so (*Disclaimer*: Ich bin kein Anwalt, deswegen bitte immer zusätzlich nachforschen, ob sich die rechtliche Lage geändert hat), dass die Funktion des Taggings eine Marketingfunktion ist.

Wenn Sie als Privatperson eine Marke taggen, dann benötigen Sie unter Ihrem Beitrag den Hinweis „Werbung wegen Markenverlinkung im Beitrag". Wenn Sie jedoch ein stationärer Händler sind und die Marke in Ihrem Laden führen und verkaufen, dann benötigen Sie diesen Hinweis nicht, da es direkte Werbung für Sie ist und Sie der Händler des Produkts sind. Da liegt es nahe, dass Sie in keiner „Auftragnehmer-Auftraggeber-Marketing-Verbindung" mit der Marke stehen, sondern lediglich legitime Eigenwerbung für Ihren eigenen Laden machen. Nutzen Sie die Funktion des Taggings. Es wird Ihnen sicherlich beim Wachstum des Profils helfen.

11.10 Geo-Tagging

Mit Geo-Tagging haben Sie ähnliche Möglichkeiten

gefunden zu werden wie beim Einsatz von Hashtags oder des Personen- und Marken-Taggings. Hier verknüpfen Sie lediglich den Standort mit Ihrem Beitrag.

Sie sind ein stationärer Händler in Frankfurt? Dann verknüpfen Sie bei JEDEM Beitrag den Standort. Dadurch kreieren Sie die Chance, dass jemand über die Standortsuche auf Ihr Profil aufmerksam wird.

11.11 DM

DM steht für Direct Message. Das sind direkte Nachrichten, die Sie an Personen schreiben bzw. empfangen können.

Schauen Sie immer wieder in Ihre Nachrichten rein, ob jemand eine Frage gestellt hat. Wenn jemand nicht mit Ihrem Profil verknüpft ist und Sie dieser Person nicht folgen, dann erscheint diese Nachricht in dem DM-Bereich von Instagram als Anfrage. Da sollten Sie immer reinschauen für einen besseren Kundenservice. Eventuell schreiben Sie auch mal einer Person direkt, die ein potenzieller Kunde sein könnte, aber achten Sie darauf, dass es dann wirklich in keiner Weise bezogen auf Ihr Produkt oder Ihr Unternehmen ist, sondern auf den Inhalt der Person. Wenn die Person (Ihr potenzieller Kunde) etwas gepostet hat, worauf Sie einen persönlichen Bezug nehmen möchten und das zu persönlich für das Kommentarfeld ist, dann schreiben Sie der Person doch eine direkte Nachricht über Instagram. Das wird die persönliche Beziehung langsam aufbauen und dazu führen, dass die Person irgendwann zu einem Interessenten wird. Der persönliche (und NICHT produktbezogene) Bezug ist immens wichtig, sonst könnte Ihr Profil schnell gemeldet werden und Sie landen in den Spam-Abteil wie viele andere bereits.

11.12 Influencer Marketing

Arbeiten Sie bereits mit Influencern zusammen? Wenn nicht, dann planen Sie sich das ein. Influencer haben eine enorme Auswirkung auf die Wahrnehmung Ihres Unternehmens und Ihrer Marke, wenn Sie es klug, nachhaltig und strategisch aufbauen. Bei Influencern stellen sich vor allem zwei Fragen:

1. Mit welchem Influencer soll ich zusammenarbeiten?
2. Wie viel kostet mich der Influencer normalerweise?

Bei der Auswahl der Influencer gibt es nun mehrere Möglichkeiten. Es gibt die Mikro-Influencer, die sogenannten Midi-Influencer oder die großen Makro-Influencer.

Da im Influencer Marketing momentan alles wilder Westen ist und es nicht wirklich klare Richtungen und Vorgaben gibt, müssen Sie sich selbst ein Bild machen, aber ungefähr gilt, dass Influencer bis zu einer Größenordnung von 50.000 Followern als Mikro-Influencer, alle Influencer bis 250.000 Follower Midi-Influencer und alle Influencer mit einer noch höheren Anzahl an Followern als Maxi- oder Makro-Influencer einzustufen sind. Je nach

Größenordnung zahlen Sie auch bestimmte Preise pro Beitrag, die nicht gerade günstig sind.

Fragen Sie sich zunächst auch bei der Auswahl der Influencer wer wirklich zu Ihnen passt und Ihre Zielgruppe anspricht. Wenn Sie ein lokaler Händler sind, dann macht es durchaus Sinn mit kleineren Influencern aus der Umgebung zu arbeiten, die auch lokale Follower haben anstatt mit Influencern, die eine riesige Reichweite haben, aber eben auch Follower aus ganz Deutschland. Wenn Sie einen Laden in München führen, dann wird es Ihnen nichts bringen, wenn der Influencer Menschen aus Berlin oder Hamburg anspricht. Die werden vermutlich nicht häufig in Ihre Nähe kommen und wenn dann nur zu Besuch. Bis dahin ist die Aktion mit dem Influencer unter Umständen wieder vergessen.

Arbeiten Sie also mit lokalen Influencer-Größen zusammen. Das hat nicht nur den lokalen Vorteil, es hat auch den preislichen sowie reichweitentechnischen Vorteil.

Nehmen wir an Sie arbeiten mit einem Influencer zusammen, der 100.000 Follower hat, dann zahlen Sie diesem Influencer zum Beispiel 1.000€ für die Zusammenarbeit.

Wenn Sie stattdessen mit 10 Influencern zusammenarbeiten, die jeweils 10.000 Follower haben, dann müssten Sie diesen Personen unter Umständen lediglich ein Produkt zukommen lassen und ein kleines Taschengeld. Das könnte dafür sorgen, dass Sie im Endeffekt 300€ zahlen für die gleiche oder sogar höhere Reichweite, denn bei Profilen mit weniger Followern streut der Algorithmus den Beitrag prozentual an mehr Menschen aus als bei einem größeren Account.

Das könnte dazu führen, dass Sie in der Zusammenarbeit mit den 10 Influencern 70.000 Menschen erreichen und bei der Arbeit mit einem großen Influencer lediglich 40.000 Menschen.

Das sollte jedoch immer im Einzelfall geprüft und objektiviert werden.

Wie können Sie sich also preislich an die Auswahl eines Influencers herantasten. Dazu habe ich in Anlehnung an eine Formel, die von der Seite „InfluencerDB[17]" vorgegeben wurde, eine eigene Formel entwickelt, die Sie leicht mit in Ihr Verhandlungsgespräch mit dem Influencer führen können.

Im ersten Schritt fragen Sie sich wie authentisch der Influencer überhaupt ist. Passt er zu Ihnen und Ihrem Unternehmen? Passt er zu Ihrem Image? Wie spricht er die Zielgruppe an? Ist er oder sie glaubwürdig? Wie regelmäßig postet der Influencer? Beobachten Sie den Influencer über mindestens 2 Wochen und legen Sie fest, ob diese Zusammenarbeit wirklich funktionieren könnte und Sie ein gutes Gefühl haben. Das ist ein subjektiver Faktor, der mit in die Entscheidungsfindung fließen sollte.

Danach fragen Sie sich, ob Ihr Unternehmen in das bisher beworbene Umfeld des Influencers passt. Hat der Influencer bisher mit stationären Händlern zusammengearbeitet? Ist er oder Sie eventuell sogar darauf spezialisiert? Passt die Zielgruppe des Influencers sehr gut zu Ihnen?

---

[17] Siehe URL: www.influencerdb.com

Hier könnten Sie folgende Faktoren ansetzen, die später in der Formel Sinn machen:

Wenn der Influencer eine Zielgruppe hat, die sehr gut zu Ihrer Zielgruppe passt, bisher stationäre Händler im Fokus der Zusammenarbeit hatte und bereits Erfahrung mitbringt in dem Bereich „stationärer Handel", dann geben Sie dem Influencer einen **Faktor 2.**

Wenn der Influencer eine Zielgruppe hat, die sehr gut zu Ihrer Zielgruppe passt, aber die Zusammenarbeit des Influencers bisher beschränkt wurde auf einzelne Produkte von Marken und Unternehmen, die zum Großteil im Online-Bereich angesiedelt sind, dann geben Sie den **Faktor 1.**

Wenn der Influencer eine Zielgruppe aufweist, die nur im weitesten Sinne Ihrer Zielgruppe ähnelt, keine Erfahrung mit stationären Händlern hat und bisher nur Produkte oder Marken promotet hat, die ihre Produkte **nur online** verkaufen, dann geben Sie dem Influencer den **Faktor 0,5.**

Um sich weiter an den Preis anzunähern, gibt es noch drei weitere Werte, die quantifiziert werden sollten, um einen endgültigen Preis zu bekommen:

- Medienwert pro Beitrag basierend auf den Impressionen pro Beitrag

- Interaktionsrate des Influencer Profils

- Zielgruppengenauigkeit

Bei dem Medienwert pro Beitrag richten Sie sich nach dem im Online Marketing bekannten CPM Modell. CPM ist eine Kennzahl und bedeutet „Cost Per Mille" (Kosten pro Tausend) ausgeschrieben.

Diese Kennzahl gibt an wie viel Sie zahlen müssen, um 1.000 Impressionen mit Ihren Marketing Aktivitäten zu erreichen. Wenn Sie beispielsweise eine Werbung über Facebook oder Instagram schalten, dann zahlen Sie ja einen bestimmten Betrag, um 1.000 Impressionen zu erreichen.

Impressionen geben an wie oft die Menschen Ihre Anzeige oder Ihren Beitrag gesehen haben.

Hinweis: Wenn 1.000 Personen Ihren Beitrag gesehen haben, dann haben Sie eine **Reichweite** von 1.000.

Wenn diese 1.000 Personen Ihren Beitrag jeweils 2 Mal sehen, dann haben Sie 2.000 **Impressionen** generiert. So kennen sie nun den Unterschied zwischen Impressionen und der Reichweite.

Beim CPM Modell wird mit **Impressionen** gerechnet.

Das CPM Modell gibt also an wie viel Sie zahlen, um 1.000 Impressionen zu erreichen. Nehmen wir an im Durchschnitt liegt ein CPM-Betrag im Internet bei ca. 7€. Sie zahlen also 7€, um 1.000 Impressionen zu erreichen. 14€ für 2.000 Impressionen und so weiter.

Der Betrag ist einfach nur eine Annahme in diesem Fall. Es kann drunter liegen oder aber auch drüber. Wenn Sie sehr kreativ sind und Ihre Anzeige oft geteilt wird von Menschen, dann hat das einen sogenannten viralen Effekt und für die gewonnene Reichweite zahlen Sie in diesem Fall nichts, denn die Menschen teilen es freiwillig von sich aus.

Sie müssen also selbst schauen wie viel Sie für Ihre Anzeigen am Ende zahlen müssen, um 1.000 Impressionen zu erreichen. Das ist dann Ihr Richtwert für die Verhandlungen mit dem Influencer, doch belassen wir es mal der Einfachheit halber bei 7€, um die Formel zu verstehen.

Wenn Ihr Richtwert 7€ pro 1.000 Impressionen ist, dann fragen Sie Ihren potenziellen Influencer wie viele Impressionen er im Schnitt pro Beitrag generiert. Der Influencer selbst sieht die Impressionsanzahl in seinen oder ihren Statistiken (Instagram Insights). Fragen Sie einfach nach der Durchschnittsanzahl an Impressionen der **letzten 7 Beiträge**. Wenn durchschnittlich 10.000 Impressionen pro Beitrag generiert werden, dann ist das monetäre Äquivalent dazu: 7€ pro 1.000 Impressionen x 10 = 70€. Das wären 70€ pro Beitrag, die Sie dem Influencer zahlen müssten, wenn Sie nur nach den Impressionen einen Wert festlegen möchten. Der weitere Punkt wäre die Interaktionsrate. Die Interaktionsrate basiert in diesem Fall auf den Handlungen der letzten 7 Tage innerhalb des Profils des Influencers im Verhältnis zur Followerzahl. Wenn Sie in die Instagram Insights reinschauen beim Influencer und derjenige hat beispielsweise 10.000 Follower und in den letzten 7 Tagen haben dort 10.000 Handlungen stattgefunden, dann entspricht die Interaktionsrate in diesem Fall 100%. Die Handlungen bei Instagram umfassen verschiedene Dinge wie beispielsweise Profilaufrufe und Klicks auf die Links im Profil. Wenn diese ganzen Handlungen zusammengenommen nur bei 1.000 liegen und derjenige Influencer hat 10.000 Follower, dann entspricht das einer aktuellen (temporäre Bestandsaufnahme) Interaktionsrate von 10%. Diese Werte sind temporär, weil sie natürlich auch von Woche zu Woche schwanken können, aber sind ein guter Richtwert wie aktuell die Interaktionsrate beim Influencer aussieht.

Dieser Wert könnte aber auch bei 200% liegen, denn es könnte ja sein, dass durch Zusammenarbeit mit anderen Personen und durch Marketing Aktionen der Influencer viele Profilaufrufe generiert hat in den letzten 7 Tagen, die dann insgesamt bei über 100% liegen. Wenn das der Fall ist, dann warten Sie weitere 7 Tage ab und schauen Sie dann nochmal rein. Wenn dann der Wert immer noch bei über 100% liegt, dann setzen Sie diesen Wert an. Wenn es darunter liegt, dann setzen Sie diesen Wert an. Wenn es bei weit über 100% liegt, beispielsweise 300%, dann warten sie 4 Wochen ab und nehmen Sie dann den Durchschnittswert dieser 4 Wochen, um sich ein realistisches Bild zu machen. Fragen Sie auch den Influencer wie es dazu kommen kann, dass der- oder diejenige so viele Handlungen auf dem Profil hat, aber die Followerzahl im Verhältnis niedrig ist?

Offensichtlich interagieren dann viele mit dem Profil, aber folgen diesem Profil nicht. Dieses Phänomen hat man oft bei Profilen mit schönen Frauen, denn je nachdem wie diese bekleidet (oder kaum bekleidet) sind, gibt es doch durchaus zahlreiche Männer, die auf das Profil zwar klicken, aber diesem Profil nicht folgen, weil das in der Historie von Instagram aufpoppen könnte und die Freunde oder die Partnerin könnten sehen, was der gute Mann so in seiner Freizeit macht. Das möchte der Mann natürlich vermeiden, was uns zum nächsten Punkt führt, der ebenfalls mit in die Berechnung einfließen sollte: **Die Zielgruppe.**

Haben Sie Produkte für alle Geschlechter? Wir gehen jetzt der Einfachheit halber nur von Frauen und Männern aus – Noch ist Instagram auch nur nach dieser Aufteilung gegliedert.

Dann können Sie hier den Wert 100% ansetzen.

Wenn Sie jedoch nur Frauen bedienen, dann sollten Sie definitiv in den Instagram Insights des Influencers schauen wie viele männliche und weibliche Follower dieser hat.

Wenn Sie also mit jemandem zusammenarbeiten, Sie ein Produkt für Frauen haben und die Person hat 70% weibliche Follower, dann setzen Sie den Wert 70% an. Wenn Sie mit dieser Person zusammenarbeiten möchten und Sie haben ein Produkt für Männer, dann setzen Sie den Wert 30% an.

Wenn Sie nun alle Werte zusammennehmen, dann sieht die Formel im Endeffekt so aus:

Medienwert pro Beitrag x Interaktionsrate des Influencers x Zielgruppengenauigkeit x stationärer Faktor

=

Maximalpreis für einen gesponserten Beitrag

Praxisbeispiel:

(Wir treffen nun Annahmen)

- Der Influencer hat in den letzten 7 Beiträgen durchschnittlich 100.000 Impressionen generiert pro Beitrag und Ihr aktueller CPM Wert im Online Marketing beträgt 7€. Das entspricht 7€=1.000 Impressionen und 700€=100.000 Impressionen.
- Die Interaktionsrate der letzten 7 Tage (Handlungen/Followerzahl) liegt bei 89%.
- Die Zielgruppengenauigkeit liegt bei 80%.
- Der Faktor liegt bei 2, da die Person einen starken Fokus auf den stationären Handel hat.

Das führt zu folgendem Ergebnis:

$$700€ \times 89\% (0,89) \times 80\% (0,8) \times 2 = 996,80€$$

Also liegt der maximale Wert pro Beitrag bei ca. 1.000€.

Das ist der objektiv errechnete, maximale Wert pro Beitrag, den Sie natürlich noch subjektiv in der Verhandlung anpassen können. Wenn Sie denken, dass der Faktor keine 2 verdient hat, sondern nur eine 1,7, dann legen Sie das so fest. Das ist Ihr eigenes Ermessen.

Der Influencer wird dann unter Umständen sagen, dass er oder sie 2.000€ haben möchte und Sie müssen abwägen, ob es Ihnen das trotz der objektiv errechneten Zahlen wert ist oder ob Sie das Geld lieber direkt in das Social Media Marketing investieren möchten.

Ein nicht zu vernachlässigender Punkt ist natürlich der Vertrauensfaktor, den der Influencer bei seiner Zielgruppe hat und dieses Vertrauen wird eventuell den doppelten Wert rechtfertigen, aber das ist eine subjektive Ziffer, die wir hier so nicht validieren können.

Zumindest haben Sie mit dieser Formel an der Hand eine kleine Gewissheit in welchem Rahmen Sie sich ungefähr bei einem Influencer objektiv und realistisch bewegen können.

Bei der Zielgruppengenauigkeit könnten wir noch einen Schritt weitergehen und das Ganze standortbereinigt und altersbereinigt berechnen, aber das ist eine Erwägungssache, ob Sie so weit gehen möchten.

Wenn Sie noch Fragen zu der Berechnung haben, dann senden Sie mir einfach eine WhatsApp und ich sende Ihnen eine erklärende Sprachnachricht zu.

11.13 Local Networking

Kommunikation mit lokalen Unternehmen. Der bekannte „Internet-Marketing-Guru" Gary Vaynerchuk spricht von dem Begriff „BIZ DEV".

Damit ist gemeint, dass Unternehmen unterschiedlicher oder gleicher Branchen miteinander kooperieren und sich gegenseitig beim Wachstum in den sozialen Medien unterstützen.

Das ist ebenfalls eine gute Möglichkeit, um bei Instagram die Reichweite auszubauen.

Denn jemand, der in Ihrem Ort lebt, geht gleichzeitig zum Bäcker, ins Kino, zu verschiedenen Restaurants und interessiert sich neben Mode auch für Vereine und andere Dinge. Darum geht es beim *Biz Dev* – schauen Sie einfach wer in Ihrem Ort bereits „Traffic" hat und kooperieren Sie mit diesen Menschen. Schauen Sie wie gemeinsame Kampagnen und Marketing Aktionen geplant werden könnten und was sonst noch so in Ihrem Ort beliebt ist, welche Feste es gibt und wo Sie sich überall präsentieren können, einerseits offline, aber auch online.

Jeder dieser potenziellen Partner in Ihrem Ort hat sicherlich auch ein paar Follower auf Instagram oder Facebook, die aktiviert werden könnten.

Zum Thema Kommunikation: Sie können natürlich auch einfach auf die Profile Ihrer Zielgruppe gehen im Ort und mit diesen Menschen interagieren. Sie können und sollten sogar mit diesen Menschen interagieren, denn das ist die beste Möglichkeit gesehen zu werden und eine Beziehung aufzubauen. Ohne Kommunikation gibt es keine Beziehung, sowohl in einer Liebesbeziehung als auch im Business.

Wie geht man hier am besten vor?

Sie sollten auf die Profile klicken, sich anschauen was diese Menschen so für Beiträge schreiben und dann auf die Beiträge eingehen, die Sie **persönlich** gut finden und auf die Sie persönlich eingehen können. Was ist damit gemeint?

Damit ist gemeint, dass Sie keinesfalls in der ersten Interaktion Ihren Laden direkt erwähnen, sondern auf das Bild des potenziellen Interessenten eingehen und authentisch und ehrlich sich ein Bild oder mehrere Bilder aussuchen, die Ihnen wirklich gefallen und dann schreiben Sie auch ehrlich und authentisch was Ihnen an diesem Bild konkret gefällt.

Nehmen wir an Sie fahren gerne Motorrad und der potenzielle Interessent hat auf seinem Profil ein Bild mit einem Motorrad gepostet. Dann gehen Sie doch direkt auf das Motorrad ein, fragen Sie konkret nach dem Modell, wenn Sie es nicht kennen oder sagen Sie etwas Konstruktives und Positives zu diesem Modell, wenn es was Gutes zu sagen gibt. Bleiben Sie ehrlich dabei! Es geht nicht um Manipulation in diesem Fall, sondern es geht darum sich bewusst einen Beitrag auszusuchen, mit dem Sie authentisch interagieren und etwas Konstruktives oder Positives dazu beitragen können. Dadurch entsteht eine persönliche Bindung auf Augenhöhe und ganz nebenbei wird die Person auch auf Ihr Unternehmensprofil gehen und sehen, dass Sie einen stationären Handel haben und sich überlegen mal vorbeizukommen.

Zumindest hat die Person Sie bewusst wahrgenommen und behält Sie mit einer positiven Assoziation im Kopf.

In dem Buch *Jab Jab Jab Right Hook!* von Gary Vaynerchuk gibt es ein paar Beispiele davon wie Unternehmen riesige Kooperationen durch genauso eine Interaktion geschafft haben, bloß weil das gleiche Interesse zu einer persönlichen Bindung geführt hat. Dadurch sind echte Partnerschaften entstanden und genauso können Sie neue Kunden bekommen.

Sie können auch auf die Profile Ihrer Mitbewerber gehen bzw. der Unternehmen in Ihrem Ort mit welchen Sie kooperieren würden und dann schauen welche Personen diesen Unternehmen folgen. Sie können dann auch gezielt mit diesen Personen interagieren und genauso vorgehen wie eben beschrieben. Bauen Sie eine Beziehung auf. So werden Sie nach und nach mehr Verkäufe in Ihrem stationären Handel erwirtschaften.

11.14 Strategischer Einsatz des bezahlten Contents

Wenn Sie über Instagram (oder Facebook) Werbung schalten möchten, dann sollten Sie das strategisch tun und sich überlegen, wie Sie die, eingangs beschriebenen, Ziele und Zielgruppen erreichen möchten. Welche Inhalte sollen aufeinander abgestimmt kreiert werden und mit welchen zielgruppenspezifischen Inhalten möchten Sie dann die passenden Ziele erreichen.

Danach sollten Sie ein Controlling System einführen, dass Ihnen in leichter Form aufzeigt, ob Sie mit Ihrer Werbung Erfolg haben oder nicht. Dieses Controlling System sagt Ihnen ob und was Sie ändern müssten.

Neben einem Controlling System ist es auch sinnig ein **Testing System** zu bedenken mit welchem Sie verschiedene Anzeigen gegeneinander testen können. Das ist absolut sinnvoll, um die beste Anzeige herauszufinden, die mit Ihrer Zielgruppe konform ist. Dazu bietet Ihnen der Facebook Werbeanzeigenmanager bei der Erstellung der Werbeanzeige verschiedene Möglichkeiten wie

Sie so einen Split-Test ausführen können, um verschiedene Inhalte gegeneinander zu testen.

So können Sie zum Beispiel an Ihre ausgewählte Zielgruppe drei verschiedene Anzeigenbilder ausstreuen, Facebook teilt Ihre Zielgruppe auf drei gleichmäßige Gruppen auf und lässt die drei Werbeanzeigen für Ihr festgelegtes Budget gegeneinander laufen. Sie haben dann am Ende drei verschiedene Ergebnisse und können auf der Basis entscheiden, welche dieser drei Anzeigen Sie weiterlaufen lassen möchten. Das ist ein sehr guter Vorgang, um nach und nach möglichst kostengünstige Anzeigen mit den besten Ergebnissen zu finden.

Um auch auf Instagram effektive Werbung zu schalten, ist es notwendig, dass Sie Ihr Instagram Profil zu einem Business Profil umwandeln. Das können Sie in den Einstellungen von Ihrem Instagram Profil durchführen. In den Einstellungen gibt es die Möglichkeit das Instagram Profil ins Business Profil umzuwandeln und folgen Sie dann den Anweisungen auf dem Bildschirm.

Mit dem Business Profil haben Sie in jedem Fall mehr Überblick was in Ihrem Profil passiert als ohne ein Business Profil und Sie bekommen ein paar Funktionen mehr an die Hand.

Allen voran sind die „Insights" sehr wertvoll im Instagram Profil. Mit den „Insights" können Sie die Nutzungsstatistiken in Ihrem Profil aufrufen. Sie sehen wie viele Besucher Sie auf dem Profil haben, wie viele Impressionen generiert wurden, wie viele Handlungen auf dem Profil vorgenommen worden sind, wie die demographische und geographische Verteilung Ihrer Follower ist und welche

Beiträge gut funktioniert haben in der Vergangenheit, gemessen an den Handlungen und weiteren Kriterien, die Sie filtern können. Mit diesen Statistiken können Sie fundierte Entscheidungen darüber treffen wie Sie Ihre Beiträge in der Zukunft gestalten können und was Sie verändern und anpassen müssen.

Noch ist es so, dass Sie bei der Erstellung eines Instagram Business Profils auch eine aktive Facebook Unternehmensseite haben sollten. Diese muss mit Ihrem Instagram Account verknüpft werden, damit die spätere Werbeanzeigenerstellung problemlos funktioniert und die dafür relevanten Daten sich miteinander synchronisieren.

Neben den Statistiken, die man einsehen kann, haben Sie zudem die Möglichkeit mehrere CTA-Buttons (Call To Action-Buttons) hinzuzufügen.
Sie können den Button „E-Mail", „Telefon" und „Ort" hinzufügen, so dass die User direkt in Ihrem Profil auf einen dieser Buttons klicken und Sie entweder direkt anrufen, eine Mail schreiben oder Sie vor Ort besuchen können, indem die Route zu Ihrem Standort geplant wird. In jedem Fall benötigen Sie ein Business-Profil, wenn Sie professionell Werbung über Instagram schalten möchten und welche Möglichkeiten Sie zur Anzeigenschaltung haben auf Instagram wird in den nächsten Punkten abgehandelt.

11.14.1 Story Ads/Story Werbung

Wenn Sie das Instagram Business Profil erstellt haben und bezahlte Werbeanzeigen in Instagram nutzen möchten, dann sollten die Instagram Story Ads beleuchtet werden.

Mit diesen Story Anzeigen haben Sie die Möglichkeit die Menschen dort zu erreichen, wo sie sich die meiste Zeit aufhalten. Instagram bzw. das Unternehmen Facebook selbst hat schon die Aussage getroffen, dass die Instagram Stories den Instagram Feed vermutlich ablösen werden, bezogen auf die Interaktion der User.

500 Millionen Menschen loggen sich täglich bei Instagram ein und 500 Millionen Menschen nutzen täglich die Story-Funktion. Das ist also ein ausgezeichneter Ort, um sich dort entsprechend zu positionieren.

Das wäre zu empfehlen, wenn man gesehen werden möchte. Sie können im Facebook Werbeanzeigenmanager Ihre nächste Anzeige für die Instagram Stories aufbauen. Das wäre in jedem Fall empfehlenswert.

Testen Sie es aus, denn Sie haben hier ein enormes Potenzial. Wichtig ist dabei, dass Sie die Stories auch so aufbauen wie es die Menschen gewohnt sind. Technisch gesehen sollte es im Hochformat sein, im besten Fall sollte die Hauptaussage auf die 15 Sekunden runtergebrochen sein (So lange geht eine Story) und das Ganze verlinkt mit einer entsprechenden Zielseite. Wenn die Leute dann hochwischen in der Story, gelangen diese auf die passende Zielseite. Die Stories werden intensiv genutzt. Lassen Sie sich nicht die Chance entgehen dort gesehen zu werden.

11.14.2 News Feed Ads

Die News Feed Ads sind die zweite Variante der Instagram Werbung. Diese können Sie ebenfalls in dem Business Manager als Platzierung auswählen und dort Ihre Werbung positionieren. Testen Sie diese Platzierung gemeinsam mit den Story Ads aus. Das ist eine sehr gute Möglichkeit, um die ersten Schritte im Online Marketing zu machen.

Im Gegensatz zu den Story Ads können Sie im News Feed Bilder im Quer- und Quadratformat platzieren sowie Videos im Querformat. Bei den Story Ads hingegen waren es vor allem hochformatige Inhalte, die rein müssen, um das Ganze optisch optimal anzupassen. Achten Sie bei der Werbeanzeige darauf, dass es den beschriebenen Loginfaktoren entspricht, wenn Sie zum ersten Mal mit der Zielgruppe interagieren. Das wäre wichtig für den Erstkontakt in der Kundenbindungsphase (KNOW, LIKE & TRUST). Stellen Sie hingegen einen Kontakt zu Menschen her, die bereits etwas mit Ihnen zu tun hatten in der Vergangenheit, dann sprechen wir vom Retargeting.

11.14.3 Retargeting bei Instagram

Sie können aber auch mit Hilfe des Retargeting mit Menschen wieder interagieren, die bereits etwas mit Ihnen zu tun hatten.

Wenn Sie den oben beschriebenen Facebook Pixel im Einsatz haben, können Sie zum Beispiel Menschen auf Ihrer Webseite speichern, die auf Ihre Webseite klicken und im Hintergrund auf Instagram angemeldet sind. Das führt dann zu der bequemen

Situation, dass Sie diese Menschen innerhalb von Instagram wieder mit Ihrer News Feed oder Story Ad-Anzeige erreichen können.

Wenn Sie keine Webseite haben und auch keinen Pixel im Einsatz, dann können Sie auch die Menschen wieder erreichen, die innerhalb von Instagram mit Ihrem Profil interagiert haben.

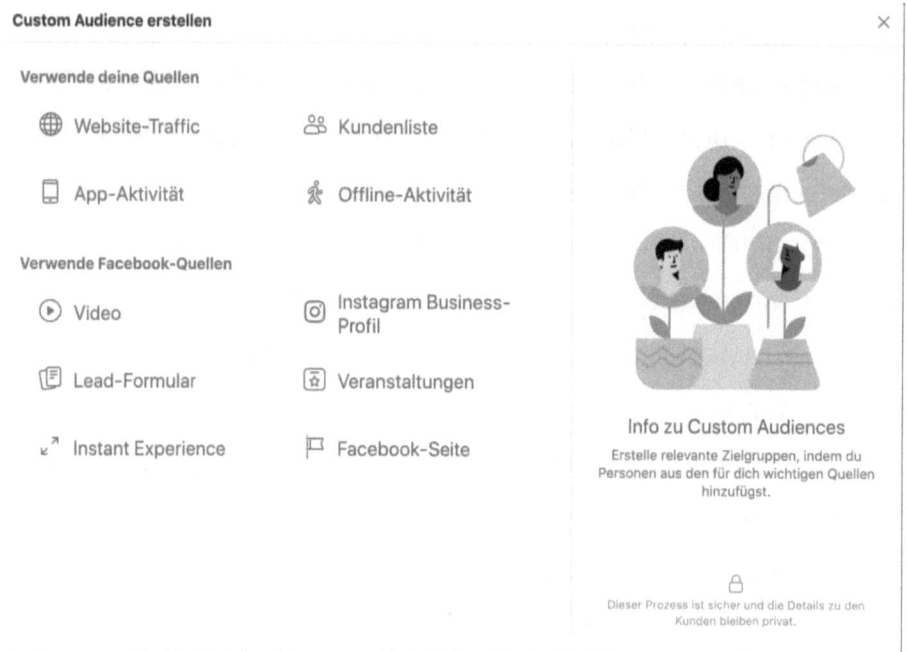

In dem gerade gezeigten Screenshot sehen Sie die Möglichkeit der verschiedenen Custom Audiences, die Sie mit Hilfe von Facebook erstellen können und die auch für Instagram einen konkreten Mehrwert haben.

11.14.4 Custom Audiences Instagram

Vergleichen wir die Custom Audiences mal mit dem stationären Handel: Stellen Sie sich vor jeden Tag kommen 100 Menschen in

Ihren Laden und nachdem diese sich etwas umgeschaut haben, verschwinden sie wieder.

Nach 30 Tagen waren es dann insgesamt 3.000 Menschen, die in Ihren Laden kamen und nach kurzem Umschauen wieder gegangen sind.

Stellen Sie sich nun vor Sie könnten diese Menschen gezielt wieder erreichen und genau diesen Personen einen Flyer zukommen lassen mit einem besonderen Angebot.

Diese Menschen waren schon mal in Ihrem Laden und aus welchen Gründen auch immer sind sie dann wieder gegangen. Jetzt haben Sie die Chance diese Menschen mit einer speziell für sie zugeschnittenen Werbeaktion zu Hause zu erreichen. Würden Sie das in Angriff nehmen? Wenn ja, dann muss ich Sie leider enttäuschen, denn offline ist das leider nicht möglich.

Hingegen ist das Online wunderbar möglich, und zwar genau mit den Custom Audiences. Mit Custom Audiences auf Instagram und Facebook erreichen Sie wieder die Menschen, die mit Ihnen interagiert haben in der Vergangenheit.

In dem oben angefügten Schaubild sehen Sie verschiedene Custom Audiences die Sie erstellen können von den Personen die mit Ihren Inhalten und/oder Ihrer Webseite interagiert haben.

Relevante Custom Audiences die in Verbindung mit Instagram stehen sind:

- Video
- Instagram Business Profil

- Lead Formular
- Website-Traffic
- Kundenliste

Diese Custom Audiences sind aus meiner Sicht für Instagram prädestiniert.

Nehmen wir an Sie haben ein Video für Instagram produziert, posten es in Ihrem News Feed, bewerben es anschließend und haben dann 10.000 Aufrufe auf diesem Video generiert.

Im zweiten Schritt können Sie nun eine **Video**-Custom Audience erstellen, die es Ihnen ermöglicht herauszufinden wie viele Personen genau dieses Video zu mindestens 25% angeschaut haben. Dadurch filtern Sie entsprechende Personen, die eher an Ihnen und Ihrem Service/Ihren Produkten interessiert sind.

Die Custom Audience „**Instagram Business Profil**" generiert Ihnen die Personen, die mit Ihrem Business Profil interagiert haben. Es speichert also alle Personen für Sie ab, die sich mit Ihrem Instagram Profil beschäftigt haben. Dabei müssen die Personen nicht einmal Follower von Ihnen sein.

Es reicht aus, wenn die Personen lediglich Ihr Profil besucht haben, um in dieser Custom Audience „Instagram Business Profil" gespeichert zu werden.

Sie müssen sich vorstellen, dass 200 Millionen User JEDEN Tag ein Business Profil auf Instagram besuchen und 2 von 3 Besuchern diesem Profil nicht mal folgen[18]. Das bedeutet, dass auch sicherlich mit Ihrem Business Profil einige Personen interagieren, ohne Ihr Follower zu sein. Mit der Custom Audience „Instagram Business Profil" haben Sie nun die Möglichkeit diese Personen zu Followern zu machen, indem Sie diese Personen wieder erreichen und gezielt bewerben können.

Die Custom Audience „**Lead Formular**" sagt aus wer mit Ihrem Lead Formular (=Anzeige mit Formular, um E-Mail-Adressen einzusammeln) interagiert hat, aber im Endeffekt die Mailadresse nicht hinterlassen hat. Wer also interessiert war, aber irgendwie Bedenken hatte die Mailadresse anzugeben. Diese Menschen könnten Sie dann nochmal gezielt mit einer eigenen Werbeanzeige erreichen, die inhaltlich die Bedenken auflöst (Einwandbehandlung), um dann doch im zweiten Schritt die Mailadresse einzusammeln.

Mit der Custom Audience „**Website Traffic**" können Sie, wie eingangs beschrieben, die Menschen speichern, die auf Ihrer Webseite waren und einen Instagram Account haben. Diese Menschen können Sie dann wieder auf Instagram gezielt ansprechen.

Die Custom Audience der „**Kundenliste**" können Sie folgendermaßen nutzen: Sie laden Ihren aktuellen Kundenbestand / die Kundendaten aus Ihrem System bei Facebook hoch und

---

[18] Vgl. URL: http://www.futurebiz.de/artikel/instagram-statistiken-nutzerzahlen/

erstellen daraus eine Custom Audience. Bei diesem Vorgang werden Ihre Daten aus dem System mit den Daten auf Facebook verglichen und es wird danach gesucht, ob es ein passendes „Match" gibt. Wenn es ein passendes Match gibt, dann bedeutet das, dass Ihr Kunde aus dem Kassensystem auch bei Facebook ein Profil hat.

All die Kunden, die bei Facebook ein Profil haben, werden dann anschließend in die Custom Audience der „Kundenliste" eingefügt, was Ihnen die Möglichkeit gibt diese Menschen im Nachgang zu erreichen. Sie können diesen Personen zugeschnittene Werbung zukommen lassen über Facebook oder Instagram, nur dieser Personengruppe bestimmte Rabatte zukommen lassen oder zu besonderen Events einladen. Nutzen Sie diese Möglichkeit.

DSGVO-konform (Disclaimer: Bitte mit einem Anwalt klären.) können Sie das aufbauen, indem Sie bei Ihren Kunden im Kundensystem eine Einverständniserklärung einholen und sinngemäß die Menschen fragen, ob ihnen zielgerichtete Angebote per Mail und den sozialen Medien präsentiert werden dürfen. Wenn sie eine Zustimmung abgeben, dann können Sie die Custom Audience erstellen und hochladen.

Sie sehen, dass Sie hier einige Möglichkeiten haben, mit denen Sie arbeiten können, um die Menschen gezielt wieder anzusprechen, die bereits mit Ihnen in irgendeiner Form Kontakt hatten. Das ist sehr kraftvoll, um das Bestmögliche aus Ihrem Instagram Marketing zu holen.

So erreichen Sie mit Custom Audiences nach und nach mehr Menschen, erreichen bessere Ergebnisse und das alles zu weniger Kosten.

11.14.5 Lookalike Audiences

Bezogen auf den stationären Handel: Stellen Sie sich nun weiter vor, dass Menschen in Ihren Laden kommen. Diese Menschen bleiben eine Zeit lang dort und kaufen am Ende ein. Diese Kunden sind begeistert von Ihrem Produkt und von Ihrem Service. Sie werden nach und nach zu loyalen Kunden und kaufen immer wieder bei Ihnen ein. Ist das nicht eine schöne Vorstellung?

Das ist nicht nur eine Vorstellung, sondern die Realität in jedem stationären Handel. Jeder hat seine loyalen Stammkunden, die begeistert sind. Wäre es nicht schön diese Menschen zu duplizieren? Stellen Sie sich vor Sie hätten eine Möglichkeit diese Menschen zu doppeln und nach Menschen zu suchen, die so ähnlich ticken wie Ihre besten Kunden. Mit solch einer Möglichkeit könnten Sie Ihren Umsatz wahrscheinlich steigern, da diese Zwillinge sehr wahrscheinlich ebenfalls loyale Kunden werden können. Das Potenzial ist zumindest gegeben.

Diese Möglichkeit haben Sie im realen Leben und Offline nicht, aber im Facebook Business Manager ist das durchaus möglich.

Eine praktische Vorgehensweise wie Sie solche „Zwillinge" potenzieller neuer Stammkunden finden können mit der Funktion der Lookalike Audiences:

Sie haben eine Kundenkarte eingeführt, welche verbunden ist mit Ihrem Kassensystem. Bei Aushändigung der Kundenkarte wird darauf hingewiesen, dass die Daten auch für Marketingzwecke genutzt werden und Sie die Daten unter anderem für Ihren Newsletter verwenden und auch an Facebook zum Zwecke Ihrer Marketingmaßnahmen, Rabattaktionen, Coupons, Hinweisen zu Sales etc. verwenden. Der Kunde bestätigt dies mit seiner Unterschrift und erhält die Kundenkarte. Nach einiger Zeit haben Sie 1.000 Kunden in Ihrem System, die für Marketingzwecke eingewilligt haben.

(Disclaimer: Bitte den aktuellen genauen, datenschutzrechtlichen Vorgang mit einem Anwalt prüfen, da dieser Bereich sich stetig ändert und ich kein Anwalt bin!)

Diese 1.000 Datensätze laden Sie entweder manuell im Facebook Business Manager hoch und machen daraus eine Kundenkarten-Custom Audience oder Sie haben bereits eine API (Schnittstelle) zwischen Facebook und Ihrem Kassensystem eingerichtet und die Daten werden immer wieder automatisch abgeglichen.

Diese 1.000 Datensätze können Sie nun als Basis für Ihre Lookalike Audience nutzen. Sie können Facebook quasi damit beauftragen nach ähnlichen Profilen innerhalb von Deutschland zu suchen, die Ihrer Kundenkarten-Custom Audience entsprechen.

Facebook erstellt dann eine Lookalike Audience von Personen, die ähnlich ticken wie Ihre Custom Audience, die Sie als Basis hinterlegt haben und damit steigt die Wahrscheinlichkeit, dass einer dieser Personen zu Ihrem Kunden wird.

Sie können diese generierte Lookalike Audience für Ihre nächste Marketing Kampagne nutzen, diese Audience regional eingrenzen und die Menschen zu Ihrem nächsten verkaufsoffenen Sonntag einladen, auf eine kommende Aktion hinweisen, auf New Arrivals aufmerksam machen, Ihr neuestes Image Video zukommen lassen und vieles mehr.

An dieser Stelle sind Ihrer Kreativität kaum Grenzen gesetzt. Testen Sie es aus

12 EXKURS: YOUTUBE, TIKTOK, TRIPADVISOR UND CO.

YouTube ist nicht nur eine Videoplattform, es ist mittlerweile die zweitgrößte Suchmaschine dieser Erde und wem gehört sie? Sie gehört der größten Suchmaschine der Erde, nämlich Google. YouTube wurde von Google aufgekauft und genießt über die Jahre hinweg eine zunehmende Beliebtheit.

Die Videos auf YouTube haben in den letzten Jahren eine immer bessere Qualität erreicht, die Technologie ist besser und durch das schnellere Internet hat nahezu jeder Zugriff auf die Videos und das von überall.

Das ist eine große Chance für Unternehmen, die auch Video-Content produzieren.

Wenn Sie ein Video zum Beispiel „5 Übergrößen Styling Tipps für Frauen" benennen und eine Person sucht bei Google nach „übergrößen styling tipps", dann werden Sie wahrscheinlicher mit einem Video als mit einem Text gefunden und können dann zum Beispiel von dem Video aus direkt auf die eigene Webseite verweisen.

Die mobilen Zugriffe steigen nach und nach und das wird sich in den nächsten Jahren voraussichtlich noch weiter erhöhen.

Fragen Sie sich also, an welcher Stelle Videomarketing für Ihr Unternehmen sinnvoll wäre und setzen Sie es in jedem Fall ein.

Bauen Sie auch Videos auf die eigene Webseite ein, denn das erhöht automatisch die Verweildauer der Besucher und ist damit für die Suchmaschinenoptimierung von Vorteil.

Mit Videos können Sie generell die Menschen besser erreichen, weil Videos eher noch konsumiert werden als reiner Text. Zudem haben Sie den Vorteil, dass Sie Emotionen viel besser im Videoformat teilen können und bekanntlich interagieren die Menschen in den sozialen Netzwerken besser mit den emotionalen Inhalten als mit sachlichen Inhalten.

Weiterhin können Sie Kunden im Videoformat besser informieren und besser an Ihr Unternehmen binden, sofern Sie authentisch sind, die Menschen persönlich ansprechen und deren Probleme lösen.

12.1 Stationäre Werbung über YouTube

Wenn Sie ein stationäres Geschäft führen, dann können Sie YouTube ebenfalls sehr gut nutzen, um Ihre Zielgruppe zu erreichen.
Nehmen wir an Sie wissen, dass Ihre Zielgruppe gerne die Inhalte des YouTube Kanals „Bibi´s Beauty Palace" anschaut. Das ist ein Kanal von der Videobloggerin Bibi für eher jüngere Personen der weiblichen Zielgruppe und handelt von Kosmetika, Fashion und anderen Themen.

Nehmen wir weiterhin an Sie haben ein kleines Video über Ihren Laden produziert, einen kurzen Imagefilm oder ein authentisches Video in welchem Sie die Produkte Ihres Stores vorstellen oder Ihr Team. Nehmen wir weiterhin an diese Produkte passen auf die Zuschauer der Video-Bloggerin.

Dann könnten Sie über die Werbeplattform „Google Ads" Ihr Video direkt vor den Videos von Bibi anzeigen lassen. Das hat einen nachweislich positiven Effekt und steigert die Bekanntheit Ihrer Marke und Ihres Geschäfts.

Damit Sie auch die richtigen Leute erreichen, können Sie das Ganze zudem noch regional eingrenzen und nur Menschen, die sich Bibis Videos in Ihrer Umgebung anschauen, werden Ihre Werbung davor sehen.

Weiteres Beispiel: Sie verkaufen Anzüge und es gibt bei YouTube zahlreiche Videos, die erklären welcher Anzug wohl perfekt ist, worauf zu achten ist beim Anzugkauf, wie eine Krawatte gebunden wird sowie weitere Tipps.
Dann können Sie vor diesen Videos Ihr Video präsentieren, in welchem Sie selbst die Fragestellung der Krawattenbindung beantworten und so auf Ihr Geschäft aufmerksam machen. Damit haben Sie zum einen das Problem des Users gelöst und zum anderen haben Sie nebenbei auf Ihr Geschäft aufmerksam gemacht. Theoretisch können Sie also so direkt an das Video anknüpfen und beispielsweise sagen: „Damit Sie nicht virtuell lernen

müssen wie Krawatten gebunden werden, können Sie auch gerne zu uns ins Geschäft kommen und wir machen es Ihnen vor. Wir befinden uns in Mannheim in der Straße...".

Glauben Sie nicht, dass solch ein spezifisches Video vor der spezifischen Suchanfrage in Ihrer Region nicht eine enorme Wirkung auf den User hätte? Ich denke das hätte es. Einen Test wäre es Wert.

Nehmen wir weiter an Sie verkaufen Sportklamotten. Dann könnten Sie Ihr Geschäft vor YouTube- Videos präsentieren, die sich mit dem Sportklamotten- oder Sport-Thema auseinandersetzen. Wählen Sie die passenden Videos aus, bei denen Sie denken, dass dies Ihre Zielgruppe interessieren könnte und legen Sie fest, dass genau vor diesen Videos Ihre Werbung auf YouTube laufen soll. Zeigen Sie dann passend zu den Videos Ihr Geschäft und Ihr Produkt und geben Sie Ihrer Zielgruppe innerhalb der Videos einen Mehrwert. Darauf ist zu achten.

Haben Sie Kinderbekleidung in Ihrem Geschäft? Kein Problem. Suchen Sie bei YouTube die Videos aus, die sich mit Kinderbekleidung beschäftigen und schalten Sie vor genau diesen Videos Ihre Werbung. Sie können so den Streuverlust Ihrer Zielgruppe enorm verringern und mit weniger eingesetztem Budget mehr **passende** Menschen erreichen.

Egal welches Produkt Sie haben. Denken Sie etwas quer und fragen Sie sich wonach die potenzielle Zielgruppe, die Ihr Produkt kaufen würde, bei YouTube sucht. Vor diesen Videos platzieren Sie Ihr passendes Video und präsentieren Sie Ihr Produkt und Ihre Dienstleistungen in einem Format, welches interessant gestaltet ist und dem Zuschauer einen Mehrwert gibt. Dabei brauchen Sie keine hohen Kosten investieren. Ein 30-sekündiges Video, in welchem Sie zu sehen sind und in die Kamera reden, eine kleine Einblendung und etwas Hintergrundmusik würde da schon reichen.

Worauf es wirklich ankommt ist Ihre Botschaft, Ihre Story, die Sie in den 30 Sekunden vermitteln. Tun Sie es und wenn Sie Hilfe dabei brauchen, können Sie mir auch einfach schreiben.

12.2 TikTok im Auge behalten

Das Unternehmen TikTok stammt aus China und hat die damals bekannte App Musical.ly aufgekauft.

Geben Sie gerne mal bei YouTube „Tik Tok Videos" ein und Sie werden sehen, worum es sich bei dieser Plattform handelt.

Es werden ausschließlich kurze Clips hochgeladen von den Usern, die innerhalb von ein paar Sekunden einen Plot, eine Story oder einfach nur pure Unterhaltung bieten. Meistens ist dieser kurze Inhalt mit Musik untermalt, da es sich um eine musikgetriebene App handelt.

Man kann auch Kollaborationen anbieten und mit anderen Menschen gemeinsam singen etc.

Es ist in jedem Fall eine sehr spaßorientierte Applikation ohne einen großen strategischen Charakter (bisher).

Die Videos auf der Plattform, die aufwendig gestaltet, sehr kreativ und einzigartig sind werden mit hohen Reichweiten belohnt, vielen Shares und vielen Herzen sowie Kommentaren von den Usern.

Es ist eine ganz eigene Kultur, die dort gelebt wird und hauptsächlich wird diese Kultur von sehr jungen Menschen gelebt und mitgestaltet. Das Publikum wird auch bei dieser Plattform immer älter und Sie können es für Ihre Werbezwecke nutzen.

Es gibt auch einen Tik Tok Ads Manager, der ähnlich aufgebaut ist wie der Facebook Business Manager. Testen Sie diesen gerne aus, wenn Sie neben der Werbung bei Facebook und Instagram auch eine andere Social Media Plattform testen möchten.

Wer also früh ansetzen und bei der jungen Zielgruppe ein Image und eine Verbindung aufbauen möchte, der sollte sich überlegen, wie er kreative und besondere Inhalte zu dieser Plattform beisteuern kann.

Auch diese Plattform ist sicherlich interessant für den weiteren Marketing-Ausbau, aber für den Beginn in den meisten Fällen eher eine Spielerei als wirklich strategisches Tool.

Nichtsdestotrotz gilt es TikTok im Auge zu behalten, da diese Plattform jeden Tag wächst und an Nutzerzahlen gewinnt.

12.3 Google MyBusiness

Wer an einem lokalen Standort verkauft, der kommt um Google MyBusiness nicht herum und es ist auch dringend zu empfehlen sich ein Google MyBusiness Konto anzulegen, denn dieses Profil entscheidet stark darüber, ob Sie bei einer lokalen Suchanfrage durch einen User gefunden werden oder nicht.

Geben Sie Ihren Standort / Laden ein und schauen Sie was bei Google angezeigt wird.

In der rechten Spalte sehen Sie dann meistens Ihren Unternehmenseintrag. Wenn Sie diesen selber bereits pflegen, dann sieht das ungefähr so aus:

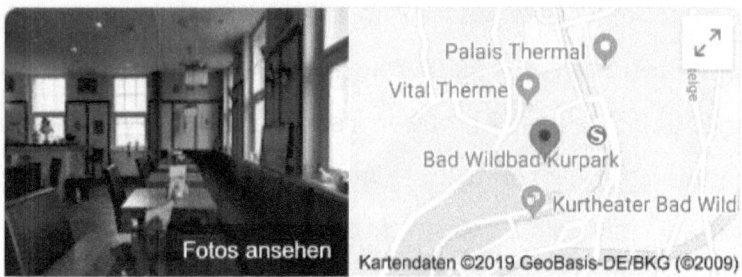

Restaurant Cafe Bar Melange

Website	Route	Speichern

4,4 ★★★★★ 303 Google-Rezensionen

€€ · Restaurant

Adresse: Kuranlagenallee 8, 75323 Bad Wildbad

Öffnungszeiten: Geschlossen · Öffnet um 17:00 ▾

Telefon: 07081 3803855

Änderung vorschlagen

Wenn Sie den Eintrag noch nicht für sich beansprucht haben, dann werden Sie rechts unten gefragt, ob Sie der „Inhaber des Unternehmens" sind:

Cafe N.

Website   Route   Speichern

4,3 ★★★★★ 200 Google-Rezensionen

€€ · Bar

Adresse: Parkhofstraße 10, 64646 Heppenheim (Bergstraße)

Öffnungszeiten: Geöffnet · Schließt um 01:00 ▾

Telefon: 06252 6481

Speisekarte: cafe-n.de

Änderung vorschlagen · Inhaber dieses Unternehmens?

Beanspruchen Sie diesen Eintrag und pflegen Sie das Profil, laden Sie Bilder hoch, hinterlegen Sie die richtigen Kontaktdaten, Öffnungszeiten und vor allem: Bitten Sie Ihre Kunden Ihnen eine Unternehmensbewertung zu geben. Das ist wichtig, denn je mehr (positive) Bewertungen Sie haben, desto eher werden Sie auch von Google gefördert.

Bleiben Sie also am Ball und sammeln Sie pro Monat mindestens 10 neue Bewertungen ein. Das hilft Ihnen nach und nach im Ranking bei Google, aber vor allen Dingen hilft es Ihnen auch mehr stationäre Frequenz aufzubauen und mehr Menschen in den Laden zu bekommen.

Wie viele Menschen mehr es werden können Sie auch durch die integrierten Google Tools erahnen.

LEISTUNG

Aufrufe	Suchanfragen	Statistik
29.611	**13.535**	**5.821**

Aufrufe über Suche	2.406 (-2 %)
Aufrufe über Maps	27.205 (-8 %)

Leistung in den letzten 28 Tagen

Sie sehen zum Beispiel bei Ihren Google My Business Eintrag wie viele Menschen auf „Route planen" geklickt haben.

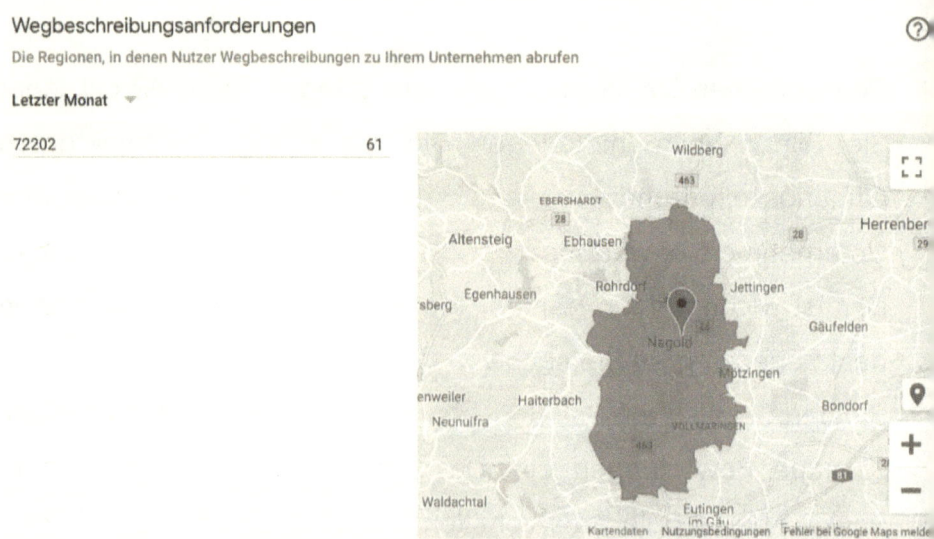

Wegbeschreibungsanforderungen
Die Regionen, in denen Nutzer Wegbeschreibungen zu Ihrem Unternehmen abrufen

Letzter Monat

72202   61

Diese Menschen haben das sicherlich eingegeben, um mit dem Auto zu Ihnen zu gelangen. Anhand der Statistiken können Sie das,

Monat für Monat, nachvollziehen und so genau sehen ob mehr Menschen den Weg in Ihren Laden gegoogled haben oder nicht.

12.4 YELP und TripAdvisor und Co.!

Haben Sie ein Restaurant, eine Bäckerei, ein Café oder etwas Anderes wo neben den Menschen aus Ihrer direkten Umgebung auch Touristen den Weg in Ihren Laden finden, dann sollten Sie auch die anderen Profile wie TripAdvisor, YELP und Co. pflegen. Wenn Sie nicht bereits ein Profil haben, erstellen Sie in jedem Fall eins, schauen Sie sich die Bewertungen an, welche reinkommen, antworten Sie darauf, reagieren Sie darauf sachlich und bleiben Sie generell am Ball.

Sie werden sich wundern, welchen Langzeiteffekt das haben kann. Über die Zeit hinweg werden mehr und mehr Menschen Ihr Profil sehen und den Weg in Ihren Laden finden.

Mehr Umsatz ist so schon garantiert, vorausgesetzt Sie halten in Ihrem Laden was Sie im Internet versprechen bzw. übertreffen das Ganze noch und machen den Besuch Ihrer Kunden zu einem Erlebnis. Bleiben Sie am Ball. Es lohnt sich!

13 BEST PRACTICES AUS VERSCHIEDENEN BRANCHEN – INSPIRATIONSKAPITEL

Wieso nicht einfach von guten Beispielen lernen, wie andere stationäre Händler es in Deutschland erfolgreich umsetzen.

In Nürnberg gibt es gleich mehrere gute Beispiele wie kleinere stationäre Händler ihr Social Media Marketing erfolgreich umsetzen.

Schauen Sie sich dazu einfach mal die folgenden Unternehmen und deren soziale Profile an:

- Zero Hero Unverpackt Nürnberg
- Metzgerei Freyberger KG
- Hairline Intercoiffure Nürnberg
- Blond! Made in Nürnberg
- Pfeifen Heinrichs

Schauen Sie auch hier mal vorbei für mehr gute Beispiele: https://www.facebook.com/business/success
Dort finden Sie nur ein paar von vielen erfolgreichen Beispielen weltweit, die es schaffen über die sozialen Medien mehr Menschen in den Laden zu bringen und neue Kunden zu generieren.

Lassen Sie sich einfach inspirieren von diesen Beispielen und wenn Sie je bei der Umsetzung Hilfe benötigen, dann kontaktieren Sie einfach unseren Support unter kontakt@su-squad.de.

14 FAZIT UND AUSBLICK

In der Zukunft wird die Umsetzung von Online-Kampagnen, Webseiten und Applikationen noch einfacher und interaktiver werden. Es wird zugleich aber auch schwieriger, weil es draußen sehr viele Inhalte und Mitbewerber gibt. Entscheidend ist dabei wie Sie mit den Kunden kommunizieren und welche Geschichte Sie erzählen. Bauen Sie eine Beziehung zu den Menschen auf. Darauf kommt es an. Die Menschen müssen spüren, dass es Ihnen wichtig ist auf diese einzugehen und dass sich die sozialen Medien bei Ihnen nicht nur um Produkte drehen, sondern auch und vor allem um Ihre Zielgruppe. Stellen Sie den Kunden in den Mittelpunkt und erzählen Sie diesen Kunden interessante Geschichten. Dafür werden Sie belohnt. Wie Sie Geschichten erzählen können und welche inhaltlichen Möglichkeiten es dabei gibt, hat Ihnen das Buch hoffentlich gezeigt.

Wenn Sie die Entwicklungen im Social Media Markt frühzeitig in Ihr Unternehmen implementieren oder diese zumindest in Ihre strategischen Überlegungen mitnehmen, können Sie von Anfang an auf das Online-Marketing von Morgen vorbereitet sein.
Ich wünsche Ihnen eine gute und erfolgreiche Zukunft mit vielen schönen Herausforderungen, an denen Sie wachsen und immer weiter zu Ihrer eigenen Leidenschaft finden werden. Eventuell wird Ihnen das Internet dabei helfen und wenn nicht, dann bleiben Sie

trotzdem Online und fügen Sie mich gerne bei Facebook oder in einem anderen Medium hinzu.

Ich freue mich von Ihnen zu hören!
Herzliche Grüße,

Mateo Sudar
Instagram: @mateosudar

15 BONUS: INTERVIEW VON EINER TEXTILMANAGEMENT STUDENTIN

Interview mit Mateo Sudar "Auf den Punkt gebracht":

1. Der Handel kam auch jahrelang ohne Social Media aus - Warum sollte man als Unternehmen jetzt einsteigen?

Ganz einfach: Weil Menschen im Durchschnitt 2-3 Stunden am Tag aktiv am Handy Zeit verbringen und ¾ dieser Zeit sich in den sozialen Medien aufhalten. Das gab es jahrelang nicht. Deswegen ist der Handel jahrelang auch ohne Social Media ausgekommen. Möchte man aber wahrgenommen werden in der heutigen Gesellschaft, dann sollte man sich auch dort platzieren wo sich die Menschen aufhalten und das ist eben in den sozialen Medien.

2. Lohnt es sich auch für kleine Händler oder nur für große Konzerne?

Absolut. Vor allem für kleine Händler! Kleine Händler haben den Vorteil, dass sie eine Seele haben und damit eine Persönlichkeit. Große Konzerne wirken manchmal sehr seelenlos und kalt. Ein kleiner Händler vor Ort kann beispielsweise lokales Marketing betreiben, sich mit den Menschen in derselben Stadt vernetzen, jeden Tag ein paar Szenen hinter den Kulissen zeigen, die Story des Unternehmens präsentieren, in den Instagram Stories mit den

Menschen interagieren, in den Facebook LIVE Sessions auf Fragen, Bedenken und Wünsche der Kunden eingehen und ein persönlicher Ansprechpartner werden. Das ist also die absolute Chance für kleine Händler sich zu präsentieren und den Charakter des Ladens in die sozialen Medien zu transportieren. Diese Chance gibt es. Man muss sich hier trauen und die Chance ergreifen.

3. Was sind die Voraussetzungen, damit Social Media Marketing für ein Unternehmen überhaupt funktionieren kann?

Das ist eine Frage, auf welche man nicht in einem Satz antworten kann. Es müssen viele Faktoren berücksichtigt werden, um das Social Media Marketing funktionsfähig zu machen. Der wichtigste Faktor ist aber „Relevanz". Ihre produzierten Inhalte sollten für Ihre Zielgruppe relevant sein und sie sollten immer beobachten wie die Zielgruppe darauf reagiert und die Inhalte ggf. neu ausrichten, so dass es wieder zur Zielgruppe passt. Die Zielgruppe steht im Mittelpunkt und nicht das Unternehmen. Es geht immer um den Menschen. Wenn man den Menschen in den Fokus rückt und herausfindet was er möchte, dann kann man Social Media Inhalte produzieren, die funktionieren.

4. Ergeben sich durch Social Media Marketing auch Veränderungen im Hinblick auf die Unternehmenskultur bzw. die interne Kommunikation?

Die Veränderung ergibt sich grundsätzlich immer aus dem Unternehmen selbst und den Menschen, die dahinterstehen. Es gibt genügend Unternehmen, die überhaupt nichts verändern, weil die Menschen nichts verändern und alles beim Alten belassen möchten. Zu empfehlen ist jedoch mit den veränderten Rahmenbedingungen mitzugehen, denn die Unternehmenskultur sollte sich in jedem Fall verändern, wenn es um Social Media geht. Menschen sollten aus dem Unternehmen als Botschafter dienen, das Social Media Marketing sollte interaktiver, dialogreicher und authentischer aufgebaut sein.

Die veränderte gesellschaftliche Kultur sollte also aufgegriffen und in die Unternehmenskultur transferiert werden.

Das gilt auch für die interne Kommunikation, wobei diese meiner Meinung nach jedoch zweitrangig ist, wenn man sein Augenmerk auf Social Media legt. Man kann natürlich mit Hilfe der sozialen Medien schneller und leichter kommunizieren und es gibt auch sogenannte interne soziale Medien oder interne Wikipedias und dergleichen, aber das muss das jeweilige Unternehmen in den eigenen Workflow passend reinbringen. Das sind Projektmanagement-Prozesse und weniger Social Media Marketing Prozesse.

5. Haben Sie Tipps für eine gelungene Facebook bzw. Instagram Präsentation eines Bekleidungshändlers?

Ja, hier gibt es ebenso einige Tipps. Wichtig sind ein qualitatives Layout und durchdachte Content-Formate. Mit durchdachten Content-Formaten ist auch gemeint, dass Sie nicht nur Ihre Bekleidung präsentieren und rein produktbezogen präsentieren, sondern auch mal das Produkt in den Hintergrund rücken und Inhalte produzieren, die inspirierend, unterhaltsam, kommunikativ und werthaltig für den User sind. Reine Produktseiten funktionieren nicht so gut wie wenn Sie Ihre Persönlichkeit, die Menschen hinter dem Unternehmen und die Stories präsentieren. In den sozialen Medien sollte ein **Beziehungsaufbau** stattfinden und in dem stationären Handel der **Verkauf!**

Über alledem steht natürlich die Relevanz, denn die Präsentation und die Inhalte sollten immer relevant sein in erster Linie. Was hilft Ihnen das schönste, qualitativste und hochwertigste Bild, wenn es nicht relevant und passend zu Ihrer Zielgruppe ist.

6. Wie bekomme ich Leute mit Hilfe von Social Media in meinen Laden?

Auf vielen Wegen. Wie im Punkt vorher beschrieben geht es um den Beziehungsaufbau in den sozialen Medien.

Wenn Ihre Mitarbeiterin, nennen wir sie mal „Julia", über das Unternehmensprofil auf Instagram immer mit den potenziellen Kunden interagiert, mit denen kommuniziert, auf Fragen eingeht und für sie da ist, dann werden die Kunden allein schon durch die

Beziehung mit Julia gerne mal in den Laden kommen und nach ihrer Beratung fragen. Das ist alles kein „One-Step-Prozess", sondern eine „Customer Journey" und diese Reise beginnt mit Schritt 1 und endet mit Schritt 10, bei welchem der Kunde kauft. Die 9 Schritte davor sind Beziehungsaufbau und dafür braucht es Zeit und Kreativität.

Darüber hinaus gibt es auch klassische Werbeanzeigenformate auf Facebook und Instagram, bei denen Sie ein Angebot (zum Beispiel ein Rabattcode) anhängen können mit der Info, dass dieses Angebot nur im Laden einlösbar ist.

7. Welche Maßnahmen am POS unterstützen Social-Media-Aktivitäten?

Am POS können Sie Ihre Mitarbeiter sehr gut einbinden. Sie können Ihre Mitarbeiter verlinken (taggen), Sie können Kunden verlinken (natürlich mit einer Einverständniserklärung) und so vor Ort in Interaktion innerhalb der sozialen Medien treten. Sie können natürlich auch Gewinnspielaktionen am POS gestalten und als eine Bedingung das Folgen in den sozialen Medien festlegen. Hier hängt die Begrenzung der POS Aktivitäten lediglich von Ihrer Kreativität ab.

8. Welche Chancen aber auch Risiken verbergen sich für ein Unternehmen, welches Social Media Marketing nutzt?

Die größte Chance ist mit Hilfe der sozialen Medien Ihre Kundenbindung so aufzubauen, dass Sie als Unternehmen wirtschaftlich erfolgreicher werden. Das ist am Ende des Tages Ihr Ziel. Das erfordert Arbeit, Feingefühl, Kreativität und eine rationale Analysefähigkeit. Schauen Sie genau darauf was funktioniert und von Ihrer Zielgruppe angenommen wird und was nicht. Wenn Sie das kontinuierlich machen, dann werden Sie weitere Chancen innerhalb des Social Media Marketings erkennen.

Das größte Risiko besteht lediglich darin, dass Sie niemals in den Genuss des Social Media Marketing Potenzials kommen. Wenn es nur halbherzig gemacht wird, wenig Zeit dafür aufgewendet und nicht darauf geschaut wird, wie man es strategisch sinnvoll ausbauen kann, dann besteht das größte Risiko darin irgendwann nicht mehr gesehen und wahrgenommen zu werden als Unternehmen. Deswegen: Machen Sie mit und das bitte richtig!

16 QUELLENVERZEICHNIS

Bendel, Oliver: „Definition: Was ist "Soziale Medien"?", Gabler Wirtschaftslexikon. Online: https://wirtschaftslexikon.gabler.de/definition/soziale-medien-52673 (Letzter Zugriff: 01.04.2021).

Binnebößel, Ulrich: „HDE Online-Monitor", Handelsverband Deutschland (05.06.2020). Online: https://einzelhandel.de/online-monitor

Brandt, Mathias: „Magento Nr.1 in stark fragmentiertem Markt", Statista (07.07.2020). Online: https://de.statista.com/infografik/22209/weltweiter-marktanteil-von-e-commerce-plattform-anbietern-bei-onlineshops/

Cialdini, Robert Beno: *Influence: Science and practice.* Boston: Allyn & Bacon 2001.

Dubach, Etienne: „Proxemik – Das Fremdwort in der Nonverbalen Kommunikation", Website: Nonverbale Kommunikation. Online: http://www.nonverbale-kommunikation.ch/proxemik/ (Letzter Zugriff: 06.03.2021).

Dubach, Etienne: „Distanzzonen in der Körpersprache – mehr als nur leerer Raum",
Website: Nonverbale Kommunikation. Online: http://www.nonverbale-kommunikation.ch/distanzzonen-raeumliche-koerpersprache/
(Letzter Zugriff: 06.03.2021).

Facebook for Business: „Facebook-Pixel erstellen und installieren". Online:
https://www.facebook.com/business/help/952192354843755?id=1205376682832142 (Letzter Zugriff: 06.03.2021).

Firsching, Jan: „Instagram Statistiken für 2020: Nutzerzahlen, Instagram Stories, Instagram Videos & tägliche Verweildauer",
Futurebiz (07.07.2020). Online:
http://www.futurebiz.de/artikel/instagram-statistiken-nutzerzahlen/

Gavalda, Mark: „WordPress Marktanteil", Kinsta. Online:
https://kinsta.com/de/wordpress-marktanteil/ (Letzter Zugriff: 11.04.2021).

Griehl, Gert: „PIER 14 - Der Fashion- und Lifestyle-Experte an der Ostseeküste", Online: https://pier14.de/ (Letzter Zugriff: 01.04.2021).

Kluy, Alexander: „Der 29. Oktober ist Internet-Tag", Welt Print (29.10.2007). Online: https://www.welt.de/welt_print/article1308095/Der-29-Oktober-ist-Internet-Tag.html

Levenhagen, Robert: „Build, Manage and Activate your Influencer Community", InfluencerDB. Online: www.influencerdb.com (Letzter Zugriff: 06.03.2021).

Magento Commerce: „Magento für Mode. Mode - ein Weg zur Selbstverwirklichung", Adobe Systems Software. Online: https://magento.com/de/solutions/fashion (Letzter Zugriff: 06.03.2021).

Rößer, Marina: „Die Deutschen sind Scrolling-Multitasker", Verlag Werben & Verkaufen (20.09.2019). Online: https://www.wuv.de/tech/die_deutschen_sind_scrolling_multitasker

Vaynerchuk, Gary: *Jab, Jab, Jab, Right Hook: How to Tell Your Story in a Noisy Social World*. New York: Harper Business 2013.